Tim Bärsch

AF144944

Sei kein Opfer ...
... und kein Täter

Das Praxisbuch
zu den Themen Kommunikative Deeskalation,
Gewaltprävention und Zivilcourage

BaER® Akademie Essen
Internet: www.baer-sch.de
Email: kontakt@baer-sch.de

Sei kein Opfer ... und kein Täter
Das Praxisbuch zu den Themen Kommunikative Deeskalation, Gewaltprävention und Zivilcourage

Bibliografische Information der Deutschen Nationalbibliothek
Die Deutsche Nationalbibliothek verzeichnet diese Publikation in der Deutschen Nationalbibliografie; detaillierte bibliografische Daten sind im Internet unter http://dnb.d-nb.de abrufbar.

Herstellung und Verlag: BoD - Books on Demand, Norderstedt
ISBN: 9783735781314

BaER® Akademie Essen
Internet: http://www.baer-sch.de
Email: kontakt@baer-sch.de

Inhaltsverzeichnis

Vor (denken) Wort

Eines Tages verstreute Schlau-Hein Brotkrumen um sein Haus. „Was tust du da?", fragte ihn ein Freund, der gerade vorbei kam. „Ich halte Elefanten von meinem Hause fern", erklärte Schlau-Hein. „Aber wieso denn?", fragte der Freund, „in dieser Gegend gibt es doch gar keine Elefanten." Schlau-Hein nickte: „Da kannst du mal sehen, wie zuverlässig mein Mittel wirkt."

Was hilft wirklich in einer Gewaltsituation? Man kann hinterher immer leicht sagen, was falsch gelaufen ist. Aber was funktioniert? Wenige vermeiden „alle" gefährliche Situationen und gehen nicht unter Menschen. Einige trainieren Selbstverteidigung, tragen Waffen oder versuchen andere einzuschüchtern. Manche lesen Bücher über Deeskalation. Doch auch da gibt es sehr verschiedene Ansätze. Viele Autoren packen Menschen einfach in Schubladen und schreiben allgemein von Tätern und Opfern (oder ein Polizist aus München schreibt von „Würstchen"). Es gibt aber <u>nicht</u> die Immer-Opfer oder die Immer-Täter. In einer bestimmten Situation sind Menschen „Täter" oder „Opfer". Natürlich ist es einfach, Menschen zu sortieren und zu sagen, die mit dem weißen Cowboy-Hut sind die Guten und die mit dem schwarzen Hut die Bösen. Ich mag dieses Wild-West-Denken à la George W. Bush nicht. Mein Ansatz lautet:
Seien Sie in der Situation kein Opfer <u>und</u> kein Täter!
Lassen Sie nicht zu, dass Ihre Grenzen überschritten werden. Aber überschreiten Sie auch nicht die Grenzen der anderen.

Doch dies ist nicht immer so einfach. Und es ist auch nicht so, dass man dieses Verhalten an einem Tag erlernen kann. Für die Deeskalation ist ein ganzheitliches und lebenslanges Lernen notwendig. Ganzheitlichkeit bedeutet die Verbindung von Kopf, Herz und Hand. Durch den Kauf dieses Buches haben Sie Ihr „Wollen" (Herz) signalisiert. Ich möchte das „Wissen" (Kopf) mit diesem Buch an Sie weitergeben. Das „Können" (Hand) bekommen Sie durch Ihre Erfahrungen und im gesicherten Rahmen eines Seminars vermittelt. Es hilft aber auch schon, wenn Sie schwierige Situationen im Kopf durchgehen. Leistungssportler nennen dies Mental-Coaching. So können Sie Möglichkeiten durchspielen und sind besser vorbereitet. Trotzdem gibt es natürlich keinen 100%-Schutz.

- Liebe **Leserinnen**, bitte fühlen Sie sich auch angesprochen, wenn ich im Folgenden nur die männliche Form verwende. Die Gründe dafür sind die bessere Lesbarkeit und eine sprachliche Einheitlichkeit.

- **Humor** (gerade schwarzer Humor) ist meine Art mit schwierigen Themen (z.B. Gewalt) umzugehen. Es ist für mich eine innere Reinigung (Katharsis) und verschafft mir Abstand zu dem Thema. Humor ist durch Kursivschrift gekennzeichnet und ist für das Verständnis des Textes nicht wichtig. (*Manchmal können Sie den Witz vielleicht nicht verstehen oder nicht nachvollziehen. Ist nicht schlimm. Das geht selbst meiner Frau auch oft so.*)

- **Zusatzinformationen** sind im Kapitel jeweils in einem grauen Kasten. Diese sind nicht unbedingt wichtig, aber ich finde sie für das Thema interessant.

- Ich bin **kein Wissenschaftler**. Deshalb kann es sein, dass Dinge, die ich schreibe, stark vereinfacht und deshalb nicht zu 100% wissenschaftlich einwandfrei sind. Es geht hier um die Hauptaussagen, *nicht um Korinthen*.

- Da ich nun schon seit dem letzten Jahrtausend **Essen**er bin, fühle ich mich dieser Stadt irgendwie verbunden. Ich trinke z.B. mittlerweile das Essener Bier von Stauder. Deshalb sind auch auf einigen Bildern Essener Bauwerke zu sehen. Aber diese Stadt ist <u>nicht</u> gewalttätiger als andere Großstädte.

- **Bedanken** möchte ich mich bei meinen (Haupt-)Lehrern, denen ich viel zu verdanken habe und aus deren Lehren sich meine Ideen entwickelt haben: Stefan Tebbe (Kampfkunst WingTsun), Anita Heyer (NLP), Reiner Gall (Konfrontative Pädagogik) und Thomas Schut (Erlebnispädagogik)

- **Vielen Dank** an: Sibylle Bärsch, Sven Hulvershorn, Nina Wagener, Kerstin Nachtigall, Stephan Berchner, Petra Weinstein, Lisanne Klanten, Marian Rohde, Dr. Christian Lüdke, Anita Heyer, Frank Langer, Kathrin Schmidt, Michel Buschmann, Tina Jakoby, Marina Deising, Annika Schreibert, Svenja Klocke, André Karkalis und Frank Müller

- Dieses Buch enthält <u>keine</u> neuen Supertheorien. Ich habe mein Wissen in zehn **Faustregeln** gepackt und diese *größenwahnsinnig „10 Gebote"* genannt. Diese sind auf der nächsten und der letzten Seite zusammengefasst.

  „Du musst hart an dir arbeiten, um deine Gedanken so zu ordnen, dass sie einfach werden." Steve Jobs

Die 10. Gebote der Deeskalation

1. Zeigen Sie eine positive Haltung gegenüber Menschen!

siehe Seite 92 (Nach (denken) Wort)

2. Nehmen Sie Ihre Umgebung aufmerksam wahr!

siehe Seite 52 (Wahr-nehmung)

3. Beruhigen Sie sich in Stresssituationen selbst!

siehe Seite 66 (Stressbewältigung)

4. Denken Sie an Ihre eigene Sicherheit!

siehe Seite 62 (Gefahren abwehren)

5. Holen Sie sich (gegebenenfalls) Hilfe durch direkte Ansprache!

siehe Seite 86 (Hilfe holen)

6. Beachten Sie Ihre und andere Bedürfnisse!

siehe Seite 34 (Bedürfnisse)

7. Erst zuhören, dann denken - dann erst reden!

siehe Seite 30 (Aktiv zuhören)

8. Teilen Sie Beobachtungen mit (und keine Wertungen)!

siehe Seite 28 (Sachebene nutzen)

9. Seien Sie flexibel!

siehe Seite 32 (Mal oben – mal unten) und 84 (Ablenkung)

10. Hören Sie auf Ihr Bauchgefühl!

siehe Seite 60 (Bauch schlägt Kopf)

1. Grundlagen

„Der einzige Mensch, der sich vernünftig benimmt, ist mein
Schneider. Er nimmt jedes Mal neu Maß, wenn er mich trifft, während
alle anderen immer die alten Maßstäbe anlegen in der Meinung, sie
passten auch heute noch." George Bernard Shaw

Jeder Mensch kann in Gefahr geraten (Opfer) oder selbst gefährlich (Täter) sein. Ich muss nicht auf Diktaturen und Kriege verweisen, um zu zeigen, was „normale" Menschen tun und zulassen können*.

Und dabei können Ihnen nicht nur Unbekannte gefährlich werden. Bei sexuellen Gewaltdelikten sind die Täter sogar zu über 90% Väter, Onkel, Freunde, Ex-Freunde und Bekannte. Es ist also viel seltener der dunkle Unbekannte im Park oder in der Tiefgarage.

Ziel sollte es immer sein, weder als **Opfer** noch als **Feind** wahrgenommen zu werden. In der Kommunikation sollten Sie weder angreifen noch sich unterordnen, egal ob körperlich, sprachlich oder körpersprachlich. Manchmal bemerkt man diese Vorgänge gar nicht oder erst sehr spät. Deshalb ist eine gute Selbstwahrnehmung sehr wichtig.

Zusatzinformationen:
* 1961 gaben Menschen beim **Milgram-Experiment** anderen Menschen Elektroschocks, nur weil ein „Professor" es ihnen sagte. 65% gingen bis zu einer tödlichen Dosis. Dieses Ergebnis wurde immer wieder bestätigt. 2010 sollten in Frankreich Testpersonen an der neuen Fernsehshow **„La Zone Extrême"** mitwirken. Bei Fehlern wurde der Kandidat von der Testperson mit Stromschlägen von 20 bis zu 460 Volt bestraft. Anfangs stöhnte der Kandidat nur. Später schrie er vor Schmerzen und flehte nach Abbruch. Doch die Moderatorin und das Publikum feuerten die Testperson an. Ab 380 Volt war von dem Kandidaten nichts mehr zu hören. Dennoch schickten ihm 81% der Testpersonen einen Schlag von 460 Volt hinterher. Etliche zögerten zwar, versuchten zu mogeln oder die Moderatorin umzustimmen. Doch am Ende griffen sie zum Hebel. Dabei wussten sie nicht, dass der Stromschlag fingiert und der Kandidat ein Schauspieler war.

Man kann jeden Konflikt friedlich lösen!

Klar?!

Sonst kriegst du ein paar aufs Maul!

9

1.1. Situation heute

„Die Jugend von heute liebt den Luxus, hat schlechte Manieren und verachtet die Autorität. Sie widersprechen ihren Eltern, legen die Beine übereinander und tyrannisieren ihre Lehrer." Sokrates

Weltweit versterben 56 Millionen Menschen pro Jahr. 9 Millionen verhungern, 8 Millionen versterben durch verschmutztes Wasser, 1,2 Millionen haben einen Verkehrsunfall und 1 Millionen begehen Suizid. Gewaltverbrechen gehören aber auch heute noch zu einer der häufigsten Todesursachen. Über 500.000 Menschen sterben im Jahr durch Gewaltverbrechen. Allein in der Stadt San Pedro in Honduras werden drei Menschen pro Tag ermordet. In Deutschland gibt es um die 700 **Morde** pro Jahr. Vor 20 Jahren waren es noch über 1.000 Morde.

Etwa 140.000 Fälle von gefährlicher und schwerer **Körperverletzung** werden pro Jahr in Deutschland angezeigt. Von 1960 bis 2007 gab es von Jahr zu Jahr mehr Anzeigen. Doch seit 2007 gibt es weniger Strafanzeigen pro Jahr.

Die deutschen Unfallkassen schreiben, dass es immer weniger Verletzungen in der Schule durch Schlägereien gibt. Auch der Vergleich von 1998 zu 2008 der **Schulhofprügeleien** in Wien zeigt einen deutlichen Rückgang. 1998 waren es noch im Durchschnitt bei 10.000 Schülern 56 Raufereien mit Verletzungen, die ärztlich behandelt werden mussten. 2008 waren es nur noch 23. Das kriminologische Forschungsinstitut Niedersachsen untersuchte nicht nur die Anzeigen, sondern auch das „**Dunkelfeld**". In acht deutschen Städten haben 1998/99 nach Befragungen 15 bzw. 24% der Jugendlichen in den letzten zwölf Monaten eine Gewalttat begangen. 2005/2008 waren es nur noch 11,5 bzw. 18,1%. Insgesamt kann man sagen, dass es in Deutschland noch nie so sicher war wie in der heutigen Zeit. Die Medien berichten natürlich gerne das Gegenteil und beeinflussen so die Meinung*.

Zusatzinformationen:
* Zwischen 1993 und 2003 wurden die Veränderungen der Straftatenanzahl mit der Wahrnehmung der Bevölkerung verglichen. Die Bevölkerung meinte, das Sexualmorde z.B. in den zehn Jahren um 259% zugenommen haben. Dabei sind sie zu 38% zurückgegangen. Bereits 1983 wurde von Prof. H. Bonfadelli festgestellt, dass Viel-Fernseh-Gucker glauben, dass:
  * es viel mehr Polizisten gibt (fünfmal mehr als in der Wirklichkeit) und
  * es viel mehr Gewalttaten gibt (über zehnmal mehr als in der Realität).

1.2. Stress im Gehirn

„Warte nie, bis du Zeit hast. Denn dann könnte es zu spät sein.“
Chinesische Weisheit

Das **menschliche Gehirn** besteht aus drei Bereichen. Das emotionslose **Krokodilgehirn** (Stammhirn) reguliert die primitiven Funktionen unseres Körpers. Seine „Philosophie“ lautet: Fressen oder gefressen werden. Das **Säugetiergehirn** (Limbisches System) bildet die Basis für Emotionen, soziales Verhalten und die Sorge um den Nachwuchs. Das **Denkgehirn** (Großhirnrinde) macht uns zum Menschen. Deshalb konnten wir komplexe Dinge wie Sprache, Musik, Reflexionsfähigkeit, Voraussicht und abstrakte Ideen entwickeln.
Jede Gewaltsituation ist eine Stresssituation. Der menschliche Körper pumpt bei Stress* innerhalb von 0,7 Sekunden Blut in die Muskeln. Dieser wird dann durch Hormone schneller, aggressiver und schmerzunempfindlicher. Wir können jetzt besser angreifen oder fliehen (fight or flight). Leider sind die oberen Regionen des Gehirns nicht so gut durchblutet und wir denken hauptsächlich mit dem Krokodilgehirn. Durch den Fight-or-Flight-Impuls haben wir schlechten Zugang zu der Großhirnrinde, welche für strategische Überlegungen zuständig ist. Aus dem Tunnelblick heraus zu kommen, wieder klar zu denken und die richtige Lösung zu finden, erfordert Übung, Kraft und Willen. Es dauert nach einer Stresssituation zwischen 30 und 120 Minuten bis der Hormonhaushalt wieder ausgeglichen ist. Nach einer guten Stressbewältigung (S. 16 u. 64ff) kann man das Gehirn dann wieder voll nutzen.

Zusatzinformationen:
* In Zeiten des Sofort-und-immer-telefonierens, des Fastfoods, des Coffee-To-Go, der Stundenhotels, der Minutensuppen und des Sekundenklebers gehört **Stress** fast zum Alltag. Stress ist in der Werkstoffkunde der Druck auf ein Material bevor es bricht. 1936 hatte der Mediziner Hans Selye den Begriff entliehen, um die „unspezifische Reaktion des Körpers auf jegliche Anforderung“ zu benennen. Menschen können durch diesen natürlichen Mechanismus bei Gefahr vor einem Wildschwein besser weglaufen oder es bekämpfen. Vor 100.000 Jahren war das lebenswichtig. Heute haben wir Stress bei der Arbeit oder im Stau. Da können wir selten fliehen oder kämpfen. Bei Stress möchte sich unser Körper bewegen. Bei Dauer-Stress wird der Mensch mit der Zeit krank. Viele Herz-, Magen- und Rückenkrankheiten kommen daher.

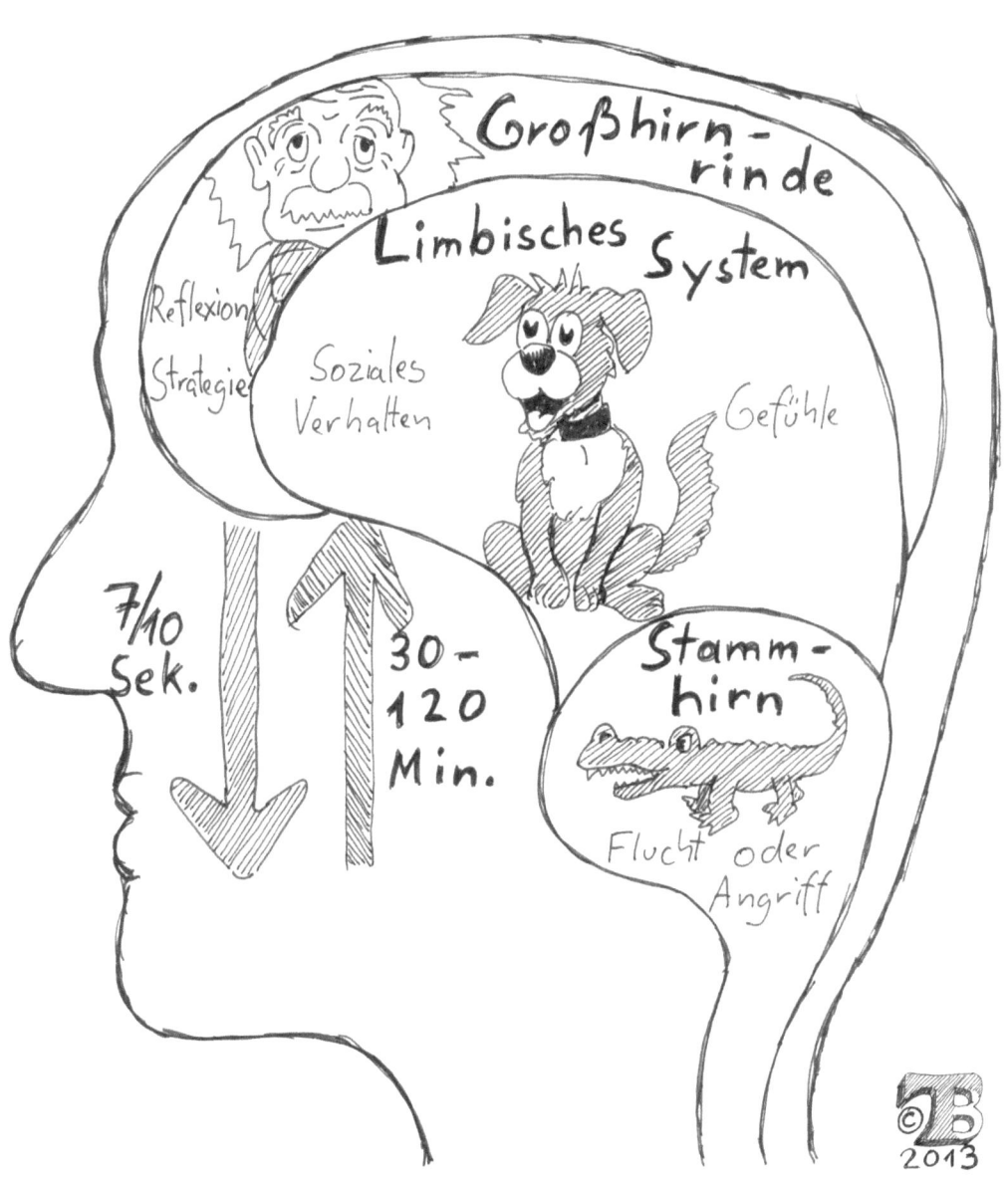

Das SOR-Modell

Wie ein Mensch auf Stress, Aggression, Provokation oder auf einfach jeden äußeren Reiz reagiert, ist sehr unterschiedlich. Der eine Mensch registriert den Blick eines Passanten im Bus möglicherweise gar nicht. Ein anderer fühlt sich geschmeichelt, weil er davon ausgeht, jemandem sei seine tolle neue Frisur aufgefallen. Der nächste Mensch deutet den Blick eventuell gar als Provokation („Was guckst du?!").

S: Stressor

Dies bezeichnet den Reiz. Das, was der Mensch wahrnimmt, wie in dem Beispiel der Blick eines Fremden. Der Reiz ist zunächst einmal neutral.

O: Organismus

In unserem Organismus findet eine Bewertung des zunächst neutralen Reizes statt. Wie wir den Reiz bewerten, hängt von unterschiedlichen Faktoren ab (s. Grafik).

R: Reaktion

Das Verhalten variiert je nach Bewertung. So kann ein einfacher Blick eines Fremden zu einem Flirt, einer Schlägerei oder auch zu einem unbedeutenden Blick eines Fremden im Bus werden. Auch Deeskalation* ist eine Reaktion.

Was nützt mir das?

Wie Sie und andere Menschen reagieren, hängt immer von der eigenen Bewertung (Organismus) ab. Auch ob Sie Stress empfinden, hängt von der eigenen Bewertung ab. Durch Stressbewältigung, Selbstmanagement, Meditation, Aufbau von Selbstbewusstsein usw. können die Reaktionen kontrollierter ablaufen. So kommt es zu weniger Eskalationen.

Wahrnehmung ist, genau wie Stress, individuell. Je mehr man über das „O", die „inneren Filter" unseres Gegenübers weiß, desto besser kann man in einer Situation deeskalieren. Daher ist es in einigen Arbeitsfeldern (z.B. Schule, Justizvollzugsanstalt, Sozialdienste, Psychiatrie) sinnvoll, sich im Vorfeld eines Kontakts über den jeweiligen Menschen zu informieren. So können Sie eventuelle Stressoren vermeiden. Achten Sie aber darauf, dass Sie nicht aufgrund der Aktenlage Vor-Urteile entwickeln.

Zusatzinformationen:
* **Deeskalation** ist das Gegenteil von Eskalation. Aufschaukelnde Prozesse werden im Idealfall frühzeitig erkannt und unterbunden. Dadurch wird der drohende Konflikt verhindert. Der Begriff Deeskalation wird bei der Polizei, für Krisengebiete, aber auch bei einer „alltäglichen" Eskalation genutzt.

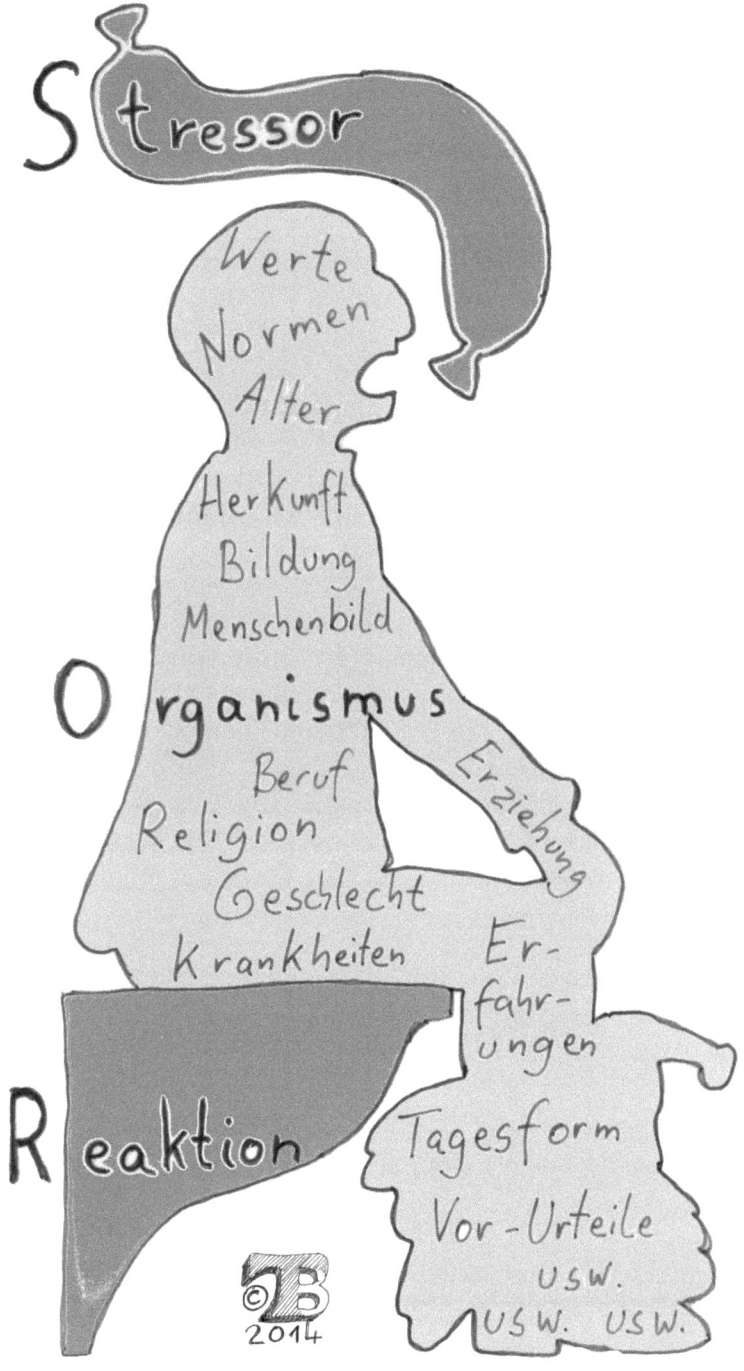

S tressor

Werte
Normen
Alter
Herkunft
Bildung
Menschenbild
Organismus
Beruf
Religion
Geschlecht
Krankheiten
Erziehung
Er-
fahr-
ungen
Tagesform
Vor-Urteile
usw.
usw. usw.

Reaktion

©TB
2014

15

1.3. Langfristige Stressbewältigung

„Gott gebe mir die Gelassenheit, Dinge hinzunehmen, die ich nicht ändern kann, den Mut, Dinge zu ändern, die ich ändern kann und die Weisheit, das eine von dem anderen zu unterscheiden."
Reinhold Niebuhr

Kaum ein Mensch schafft es, sich nie zu ärgern. Ziel der Stressbewältigung kann auch sein, sich effizienter und kürzer zu ärgern. Negative Gefühle hemmen Menschen in ihrer Energie und sind Gift* für den Körper. Ärger greift das Immunsystem und damit die Gesundheit** an. Das Immunsystem macht dabei keinen Unterschied, ob der Ärger berechtigt ist oder nicht. Um in einer Situation kurzfristig den Stress zu bewältigen, gibt es verschiedene Möglichkeiten (S. 62).
Um langfristig ausgeglichen zu sein, ist ein Gleichgewicht der fünf Komponenten
– Freu(n)de – Schlaf – Ernährung – Anspannung – Entspannung –
wichtig.

Doch alle Komponenten unter einen Hut zu bekommen, ist nicht so einfach. Zur Entspannung gehören auch **Pausen**. Jeder dritte deutsche Arbeitnehmer macht jedoch keine Mittagspause. Es gibt Langzeituntersuchungen, dass Menschen viele Stunden täglich über Jahre hinweg arbeiten können, wenn sie eine „richtige" Pause zwischendurch machen. Eine „richtige" Pause bedeutet, sich über 20 Minuten nicht mit Arbeitskollegen über die Arbeit zu unterhalten oder von dem Telefon oder Ähnlichem gestört zu werden. Im Idealfall sollte man den Arbeitsbereich für die Pause verlassen. *Aber wo ist das möglich???*

Zusatzinformationen:
* Die Bestseller-Autorin Vera Birkenbihl unterscheidet die Gift-Gefühle (Hass, Neid, Ärger, Wut, Zorn) und die Geschenk (engl. gift) -Gefühle (Liebe, Freude, Vergebung, Dankbarkeit, Erfolg). *Im Dänischen bedeutet „gift" übrigens „verheiratet".*
** *Prof.* Janice Kiecolt-Glaser untersuchte u.a. die Wundheilung von Menschen, die sich vertragen oder sich streiten (Stress). Die Blutgerinnung, das Abwehrsystem und die Wundheilung waren bei den streitenden Menschen immer viel schlechter. Streit ist Stress und damit ganz klar ungesund. Tierversuche haben sogar gezeigt, dass bei dauerhaftem Stress Gehirnzellen absterben.

Stressbewältigung
"The big Five"

Schlafen

Ernährung

Freunde

Anspannung

© B 2013

Entspannung

1.4. Notwehr

„Auch du wirst entdecken, dass viele Wahrheiten, an die wir uns klammern, von unserem persönlichen Standpunkt abhängig sind. "
Jedi-Meister Obi-Wan Kenobi

Deeskalation (S. 14) sollte stets das Ziel sein; Gewaltvermeidung an erster Stelle stehen. Manchmal bleiben aber leider sämtliche Maßnahmen der Deeskalation wirkungslos, etwa bei einem direkten Angriff. In solchen Fällen heißt es:

Handlungsfähig bleiben!

Notwehr steht jedem Menschen zu, egal ob privat oder beruflich. Gem. § 32 Strafgesetzbuch (StGB) dürfen Sie sich verteidigen, wenn Sie angegriffen werden. Einige Punkte müssen hierbei erfüllt sein:

Gegenwärtiger Angriff
Der Angriff muss in diesem Moment passieren oder unmittelbar bevorstehen. Sie dürfen sich nicht mehr wehren, wenn der Angriff vorbei ist (Rache) oder Sie denken nur, dass der andere Sie vielleicht schlagen möchte (Hellseherei).

Rechtswidriger Angriff
Der Angriff des anderen muss rechtswidrig sein. Sie dürfen sich nicht wehren, wenn die Polizei Sie festnimmt. Es ist zwar ein Angriff, aber dieser ist (*höchst wahrscheinlich*) rechtmäßig.

Verhältnismäßigkeit
Sie müssen verhältnismäßig handeln. Wenn ein 100kg-Mann Sie schlagen möchte, dürfen Sie auch zuschlagen, um sich zu wehren. Bei einem dreijährigen Mädchen dürfen Sie nicht zuschlagen. Auch nicht, wenn dieses Sie angreift. *Sie dürfen also nicht mit Kanonen auf Spatzen schießen!*

Der Notwehr-Paragraph ist einer der *wenigen* Gesetzestexte, welcher mit gesundem Menschenverstand zu erklären ist.
Situation: Sie oder jemand anderes geraten in eine Notlage.
Möglichkeit: Sie dürfen dann Gesetze brechen, um die Notlage abzuwenden.
Bedingung: Dieser Gesetzesverstoß darf nicht schlimmer sein als die Notlage. Sie dürfen z.B. ein Fenster einschlagen (Sachbeschädigung), um aus einem brennenden Haus zu fliehen. Sie dürfen auch jemanden schlagen und treten, der Sie angreift, bis keine Gefahr mehr besteht.

Keine Notwehr

Ich habe mich nur verteidigt. Er hat zwar freundlich gegrüßt, aber seine Lippen haben „Tötet ihn" geformt!

Keinen Schritt weiter! Oder ich muss dich in Notwehr erschiessen!

Du hast mich früher in der Grundschule mal geschlagen!

WAHRSAGER

Ich muss ihn schlagen, bevor er mich schlägt!

19

1.5. Vorstufen der Gewalt

„Das Geheimnis des Erfolges ist, den Standpunkt des anderen zu verstehen." Henry Ford

Bevor es zu einer körperlichen Auseinandersetzung kommt, gibt es in über 99% der Fälle drei Vorphasen. Dieses **Ritual** dauert zwischen wenigen Sekunden und vielen Minuten. *Interessanterweise sind die Vorphasen bei einer Schlägerei und beim „männlichen" Flirten identisch (siehe Grafik).*

In der **Blick-Stufe (visuellen Phase)** „guckt" sich der Aggressor das Opfer aus und fixiert dieses mit seinen Blicken. Deshalb fühlen sich einige Menschen schon durch Blicke angegriffen und der Spruch „Was guckst Du?!" ist schließlich schon ein Klassiker. Längere Fixierung mit Blicken weist auf Interesse des Guckers hin (z.B. Sex oder Gewalt). Plötzliches Absenken des Blickes wird als Schwäche und allgemein damit als Opferhaltung interpretiert. Jetzt weiß der „Jäger" *(egal ob er nach einem Flirt- oder Gewalt-Opfer sucht)*, dass er eine „Beute" vor sich hat.

In der **Sprech-Stufe (verbalen Phase)** des Ritualkampfes wird das vermeintliche Opfer „angemacht" und beleidigt. Der Aggressor nähert sich dem Opfer und „plustert" sich durch seine Beschimpfungen auf. Hier wird schon mal angetestet, was das Opfer so „drauf" hat. *Auch hier und in der nächsten Phase könnte man Parallelen zum „Jagdverhalten" eines Machos in der Diskothek ziehen.*

In der **Körperkontakt-Stufe (taktilen Phase)** kommt es zu den ersten Berührungen. Das Opfer wird geschubst, angefasst oder geohrfeigt. Die Stärke und die Widerstandskraft werden ausgetestet. Der Täter möchte sich weiter aufbauen, sich Mut machen (Adrenalin-Monster) und gleichzeitig sein Opfer *runter*machen.

Danach beginnt erst der eigentliche Kampf. Nach dem Einsatz von Fäusten, Ellbogen, Knien und Kopfstössen wird das Opfer oft zu Fall gebracht oder bricht zusammen. Im schlimmsten Fall kommt es zu Tritten am Boden oder zum Nachschlagen mit Gegenständen.

WICHTIG: Je früher Sie wahrnehmen, dass die Vorstufen beginnen, **desto mehr** Möglichkeiten haben Sie zu deeskalieren.

Anmachen in drei Stufen

Flirten

Kämpfen

Ziel 3. Anpacken 2. Sprüche 1. Schauen

Kenne ich Dich?!?

Was guckst Du!?!

Die andere Person liegt unten!

21

2. Kommunikation

Treffen sich zwei Freunde. Sagt der eine: „Ich habe in letzter Zeit komische Sprachstörungen. Ich wollte kürzlich ein Ticket nach Bukarest kaufen, habe aber Rukabest gesagt." „Geht mir ähnlich", erwidert der Freund. „Ich saß kürzlich mit meiner Frau am Frühstückstisch und wollte eigentlich sagen: Schatz? Reichst Du mir mal bitte die Konfitüre rüber, habe aber gesagt: Du dumme Schlampe hast mir mein Leben versaut."

Menschen sind soziale Wesen und kommunizieren immer*. Es gibt immer einen Sender einer Nachricht. Dieser sendet seine Information an den Empfänger**.

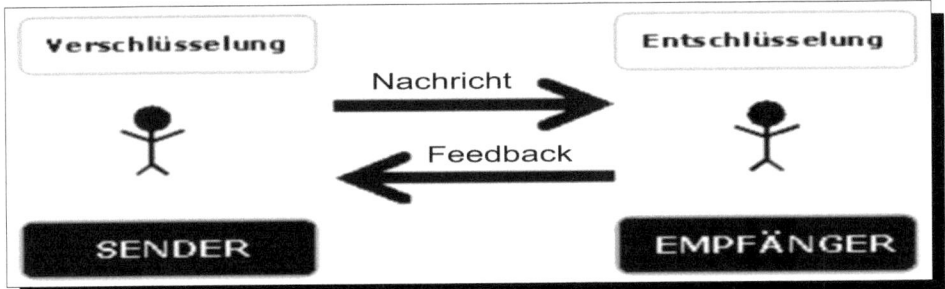

Zwischen Sender und Empfänger wird eine Nachricht ausgetauscht. Dazu bedient sich der Sender (bewusst oder unbewusst) eines Kanals. Dieser Kanal kann die Sprache sein oder auch Gestik, Mimik, Schreiben usw.
Der Empfänger „decodiert" die gesendete Nachricht und sendet eine Nachricht als Rückmeldung (Feedback). Dieses Modell wird auch als Rückmeldeschleife bezeichnet.
Missverständnisse entstehen dann, wenn der Empfänger die Nachricht anders versteht (decodiert) als sie vom Sender gemeint war (siehe Grafik).

Zusatzinformationen:
* Nach dem genialen österreichischen Kommunikationswissenschaftler **Paul Watzlawick** (1921-2007): „Man kann nicht nicht kommunizieren."
** Modell nach dem britischen Soziologen **Stuart Hall** (* 1932).

2.1. Vor-Urteile

„Es ist leichter, einen Atomkern zu teilen als ein Vorurteil."
Albert Einstein

Menschliche Gehirne sortieren Erfahrungen, um diese leichter wieder zu finden. Daraus entstehen aber auch das Schubladen-Denken und die Vor-Urteile. Vor 100.000 Jahren waren Vor-Urteile oft sinnvoll. Menschen sahen eine Schlange und hatten das Vorurteil: „Die ist giftig!" Also hat man sie getötet oder ist weggelaufen. Auch wenn die Schlange gar nicht giftig war. Wenn man einfach alle Schlangen als giftig ansieht, überlebt man am besten.

Das menschliche Gehirn hat sich in den letzten 100.000 Jahren nicht weiterentwickelt und diese Funktionen gibt es auch weiterhin. Deshalb ist es so leicht, Menschen in Schubladen einzusortieren, z.B. nach dem Aussehen. Paul Potts ist da ein gutes Beispiel. Er trat 2007 in der Castingshow „Britain's Got Talent" auf. Als er auf die Bühne trat, traute ihm das Publikum aufgrund seines Aussehens nichts zu und Schmunzeln war zu vernehmen. Die Luft war angefüllt mit Vor-Urteilen. Doch dann begann Paul Potts zu singen und überraschte mit seinen Fähigkeiten das Publikum. Allein in Deutschland verkaufte er über 3,5 Millionen CDs.
Gerne werden Vor-Urteile auf Religionen, Hautfarben und Nationalitäten angewendet. *So weit ich weiß, bin ich komplett deutsch. Trotzdem esse ich nicht morgens Weißwurst oder Eisbein, mag keinen Fussball, trinke nicht täglich Bier, besitze keine Gartenzwerge, trage kaum Lederhosen und höre auch keine Volksmusik.*

Im Prinzip sind doch alle Menschen irgendwie gleich oder auch alle verschieden. Die Grundbedürfnisse, Gefühle, Mimik und Körpersprache sind identisch. Kulturelle Unterschiede gibt es z.B. im Distanzverhalten (S. 69) und in anderen erlernten Verhaltensweisen. Es gibt verschiedene Handzeichen, die in anderen Ländern eine andere Bedeutung haben können. So kann es zu Kommunikationsstörungen und zu ungewollten Beleidigungen kommen. Hier sind verschiedene Handzeichen und deren Bedeutung in einigen Ländern aufgeführt (siehe Grafik). Weitere Informationen erhalten Sie als kostenlose pdf-Datei auf der Internetseite „www.baer-sch.de" unter „Service".

Andere Länder – andere Sitten

„Zahl Eins" (Deutschland, Österreich, Schweiz)
„Alles klar!" (Großbritannien, Korea, Südafrika)
Beleidigung: „Ich stecke ihn in deinen Ar...!" (Irak, Iran)

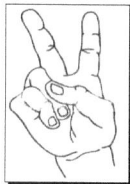
„Zahl Zwei" (Australien, Korea, Spanien)
„Sieg!" von „V"ictory (Iran, USA)
„Frieden/Peace!" (Irak, USA)
Handrücken vorne – **Beleidigung** (Großbritannien, Irland)

„Ich habe deine Nase!" (Deutschland)
Beleidigung: „Geizkragen!" (Brasilien)
Beleidigung: „Willst du gefi... werden?!" (Türkei)

„Schutz vor Unheil!" (Argentinien)
„Hi!" (Texas)
„Das rockt!" (Deutschland, Russland, USA)
Beleidigung: „Deine Frau geht fremd!" (Italien)

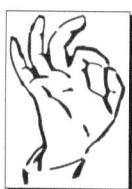
„Perfekt!" (Kanada, Mexico, Schweiz)
„Alles okay!" (USA, Tauchersprache)
Beleidigung: Symbol für „eine" Körperöffnung (Brasilien)

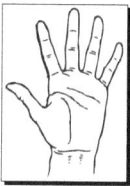
„Stopp!" (China, Deutschland, Sudan)
„Zahl Fünf" (Japan, Spanien, USA)
„Ich wähle die Demokraten!" (Zimbabwe)
Beleidigung: „Iss Schei...!" (Zypern, Griechenland)

Rätsel: Ali kann Maximilian schon lange nicht leiden. Deshalb fängt der Hauptschüler einen Streit mit dem deutschen Gymnasiasten an und verprügelt diesen. Ali steht dann auch einige Monate später aufgrund dieser Körperverletzung vor dem Jugendgericht. Er wird aber nicht verurteilt. Warum nicht? (Lösung S. 97)

In den Medien liest man z.B. „der Dieb mit südländischem Aussehen", „Islamismuswelle" , „Banden aus Südosteuropa", „die radikal-islamische Hamas" oder „die Jugendlichen mit russischen Wurzeln". Ist das wirklich notwendig? Damit werden Vor-Urteile weiterhin ausgebaut. Doch sind Ausländer* wirklich schlimmer als Deutsche? Begehen Ausländer mehr Straftaten? Ausländische Menschen in Deutschland leben öfter in Großstädten, sind im Durchschnitt jünger, häufiger männlich und haben oft weniger Geld. Das sind Bedingungen, die eher zu Straftaten führen. Der Pass und der Geburtsort sind da unwichtig. Außerdem gibt es Straftaten, die nur Ausländer begehen können (z.B. Verstoß Asylgesetz). Wenn die Grundbedingungen gleich sind (Geld, Schule, Stadtteil), begehen Deutsche und Ausländer gleich viele Straftaten.

Ein großes Vorurteil hält sich weiterhin: Migranten sind gewalttätiger als Deutsche. Eine Langzeitstudie (2003 - 2013) von Prof. Klaus Boers und Prof. Jost Reinecke mit 3.400 Jugendlichen (40% Migranten) aus Duisburg zeigte, dass junge Migranten genauso häufig in Gewaltdelikte verwickelt sind wie ihre deutschen Altersgenossen.

Diese und andere Statistiken zeigen:
Die Herkunft macht keinen Unterschied

Zusatzinformationen:
* 92% der in Deutschland lebenden Menschen haben die deutsche Staatsbürgerschaft. 2013 lebten rund 6,6 Millionen Ausländer in Deutschland. Die größte Gruppe stellen mit 1.629.480 Personen türkische Staatsangehörige. Aus der EU leben hier rund 2,4 Millionen Menschen. Pro Jahr erwerben rund 100.000 Menschen die deutsche Staatsbürgerschaft (2010: 101.600 Personen / 2013: 112.100 Personen). Seit 1990 sind 2,3 Millionen Aussiedler eingewandert, die per Status sofort die deutsche Staatsangehörigkeit erhielten. Insgesamt ergibt sich ein Gesamtanteil der Bevölkerung mit Migrationshintergrund von etwa 18,7% (15,4 Millionen).

„Menschen haben in anderen Kulturen oft andere Prioritäten und Vorurteile.

Was z.B. dem Hindu heilig ist, ...

..., ist dem Bayern „Wurst"!

PS. Ich hoffe, dass Sie bemerkt haben, dass der letzte Satz ebenfalls mit Vor-Urteilen arbeitet. "

2014
Zitat von Marian Rohde

27

2.2. *Sachebene nutzen*

„Der Unterschied zwischen dem richtigen Wort und dem beinahe richtigen ist derselbe Unterschied wie zwischen einem Blitz und einem Glühwürmchen." Mark Twain

Menschen sind subjektiv und gehen meistens von ihrem Standpunkt aus. Deshalb kommt es oft zu Missverständnissen. Um dies zu vermeiden, sollten Sie so oft wie möglich die Sachebene nutzen. Die Gewaltfreie Kommunikation (S. 34), die Mediation (lat. Vermittlung) und auch das Vier-Seiten-Modell* gehen davon aus, dass Wertungen oft zu Konflikten führen. Objektive Beobachtungen mitzuteilen ohne zu werten ist aber <u>nicht</u> immer so leicht. Wörter wie „nur", „immer" oder „nie" bewerten bereits. Auch Beschreibungen wie „dreckig", „unordentlich", „bildungsfern" oder „langweilig" sind Bewertungen. Und damit das Ganze noch schwieriger wird: Bereits durch einen bestimmten Tonfall können Sie die Sachebene (siehe Grafik) verlassen und die Betonung in eine andere Richtung lenken.

Zusatzinformationen:
* Der deutsche Kommunikationswissenschaftler **Friedemann Schulz von Thun** (*1944) entwickelte das Vier-Seiten-Modell, welches er in seinem Buch „Miteinander reden I" beschrieben hat (siehe Grafik). Wir sprechen und hören bei jedem Kontakt auf vier verschiedene Weisen:
1. Der Sachinhalt ist das, was durch gesprochene Worte ausgedrückt wird, also wortwörtlich.
2. Der Appell drückt die unausgesprochenen Wünsche und Sehnsüchte aus bzw. das, was der Partner davon auf sich bezieht.
3. Im Beziehungshinweis wird ausgedrückt bzw. aufgenommen, wie das Verhältnis der beiden Personen empfunden wird.
4. Die Selbstoffenbarung umfasst verborgene Werte, Emotionen und Triebe. Dieser Teil der Botschaft ist oft nicht-sprachlich.

Gebot Nr. 8: Teilen Sie Beobachtungen mit (und keine Wertungen)!

Sachebene

Selbst-
offenbarung

Nachricht

Appell

Beziehung

2.3. Aktiv zuhören

„Lass dir aus dem Wasser helfen oder du wirst ertrinken", sagte der freundliche Affe und setzte den Fisch sicher auf den Baum.

Gut gemeint ist oft **nicht** gut. Ratschläge beinhalten nicht umsonst das Wort „Schläge". Auch diese können wehtun. Und bewirken eigentlich das Gegenteil von dem, was gewünscht ist. Oft ist das Zuhören wichtiger als das Reden. *Deshalb haben Menschen ja auch zwei Ohren und nur einen Mund.*
Eine gute Möglichkeit, die Bedürfnisse des Gegenübers zu erkennen und angemessen zu reagieren, stellt das „Aktive Zuhören"* dar. Dies wirkt deeskalierend.
Aktives Zuhören bedeutet aktive Hinwendung zum Gesprächspartner. Dadurch wird Interesse und Verständnis signalisiert. Auf diese Weise wird dem Gegenüber erleichtert, sich mitzuteilen. Missverständnisse können so weitgehend ausgeschlossen werden.
Beachten Sie dazu folgende Punkte:

- Konzentrieren Sie sich auf den Gesprächspartner.
- Lassen Sie den Partner ausreden.
- Ertragen Sie Gesprächspausen.
- Ermutigen Sie zum Weitersprechen.
- Melden Sie zurück, wie Sie es verstanden haben, z.B. „Sie sind also wütend, weil der Antrag noch nicht bearbeitet wurde!?".
- Motivieren Sie den Partner zu eigenen Problemlösungen (nicht belehren!).
- Zeigen Sie deutlich, dass Sie interessiert sind.
- Legen Sie lästige Gewohnheiten ab (die Unterlippe beißen, Bleistift kauen, auf den Tisch klopfen, ständig auf die Uhr schauen, Finger schnippen).
- Achten Sie weniger auf Einzelheiten, sondern auf die Idee dahinter.

Zusatzinformationen:
* Das Aktive Zuhören wurde vom amerikanischen Psychologen Carl Rogers (1902 – 1987) perfektioniert. Er entwickelte die Klientenzentrierte Gesprächsführung und ist Mitwegbereiter der humanistischen Psychologie.

Gebot Nr. 7: Erst zuhören, dann denken - dann erst reden

Hicks! Du bist mein bester
Kumpel, weil du mir zu-
hörst. Hicks!

2.4. Mal oben – mal unten

„Streite dich nie mit einem Dummkopf; es könnte sein, dass die Zuschauer den Unterschied nicht bemerken." Mark Twain

Aus der Schauspielerei kommt das Modell der **Statuswippe***. Status ist hier etwas, was man tut, unabhängig vom sozialen Status, den man hat. Der Status, den ein Mensch gerade einnimmt, lässt sich anhand mehrerer Faktoren bestimmen: Wortwahl, Tonhöhe, Lautstärke, Gestik, Mimik, Körpersprache...

Hochstatus:

Menschen im Hochstatus stellen sich über ihren Gesprächspartner. Dies ist nicht nur im übertragenen Sinne zu verstehen. Die Körpersprache strahlt Überlegenheit aus. Ausladende Gesten, eine aufrechte Körperhaltung und ein Blick „von oben herab" sind typisch für Menschen im Hochstatus. Unterstrichen wird dieser Status durch Lautstärke und eine entschlossene Mimik. Treffen zwei Menschen im Hochstatus aufeinander gibt es meist einen Konflikt.

Tiefstatus:

Der Mensch, welcher sich im Tiefstatus befindet, drückt Unterwürfigkeit aus. Er teilt seinem Kommunikationspartner nicht-sprachlich und meist unbewusst mit: „Ich bin klein und schwach, du bist groß und stark."

Gleichstatus:

Im Gleichstatus befindet man sich „auf Augenhöhe". Beide Gesprächspartner sind gleichberechtigt. Keiner befindet sich im Hoch- oder Tiefstatus.

Im Idealfall können Sie mit der Statuswippe spielen und sind so **flexibel** sich auf Ihr Gegenüber einzustellen. Je nach Situation ist es sinnvoll in den Hoch- oder in den Tiefstatus zu gehen. Meistens sollte natürlich der Gleichstatus angestrebt werden.

Zusatzinformationen:
* Der britische Schauspiellehrer und Regisseur Keith Johnstone (*1933) entwickelte das Modell der Statuswippe. Im Buch „Angriff ist die schlechteste Verteidigung" von Rudi Rhode u.a. wird das Modell sehr gut beschrieben.

Gebot Nr. 9: Seien Sie flexibel!

Selbst- oder
Fremderniedrigung

Selbst- oder
Fremderhöhung

2.5. Bedürfnisse

„Die meisten von uns sind mit einer Sprache aufgewachsen, die uns ermuntert, andere in Schubladen zu stecken, zu vergleichen, zu fordern und Urteile auszusprechen, statt wahrzunehmen, was wir fühlen und was wir brauchen." Marshall B. Rosenberg

Die „Gewaltfreie Kommunikation"* unterscheidet die Wolfs- und die Giraffensprache. Wölfe wollen verletzen (sich und andere). Bei der Giraffensprache geht es sehr stark um Bedürfnisse. Jeder sollte seine eigenen Bedürfnisse kennen und für diese einstehen. Bei der Kommunikation ist es sehr wichtig, die Bedürfnisse der anderen zu beachten. Nur so kann es zu einer gemeinsamen Lösung kommen.

Um die eigenen Bedürfnisse zu kennen, muss man sich selbst bewusst sein. Also (sich) selbst-bewusste Menschen kennen sich besser. Erkennt man seine eigenen Gefühle, so kann man auch eher die Gefühle der anderen erkennen. Einfühlsame Menschen „spiegeln" die Körpersprache und Mimik des Gegenüber und können sich so besser in diesen hineinversetzen. *(Mit Botox funktioniert das nicht so gut.)*

Wenn jeder nur auf seinen Standpunkten beharrt, gibt es immer Verlierer. Die Mediation (Vermittlung) versucht Konflikte konstruktiv zu lösen. Auch hier geht es darum, dass die Bedürfnisse der Konfliktparteien erfüllt werden. Doch oft fließen leider Wut, falscher Stolz und Neid mit in die Entscheidung ein. Erst wenn diese rausgefiltert werden, kann es zu einer gemeinsamen Lösung kommen. So ist eine „Win-Win-Situation" viel öfter möglich als vermutet. Wichtig ist es, an Konflikte offen heranzugehen. Gleichzeitig sollten Sie die eigenen Bedürfnisse herausfiltern und die Bedürfnisse des anderen beachten.

Zusatzinformationen:
* Dr. Marshall B. Rosenberg (*1934) gilt als Entwickler der **„Gewaltfreien Kommunikation".** Das Grundgerüst ist ein Vier-Schritte-Modell:
  1. Teilen Sie Ihre Beobachtungen ohne Bewertungen (S. 28) mit.
  2. Legen Sie Ihre Gefühle ohne Vorwürfe offen dar.
  3. Erläutern Sie Ihr Bedürfnis.
  4. Sprechen Sie eine Bitte möglichst konkret und durchführbar aus.

Gebot Nr. 6: Beachten Sie Ihre und andere Bedürfnisse!

M'ÄH!

Frau Giraffe, Frau Wolf, ihre Kinder missachten schon wieder die natürliche Ordnung!

35

3. Gefahrenvorbeugung

„Das Leben selbst birgt ein gewisses Risiko." Harold Macmillan

Mit welcher Einstellung gehen Sie durch das Leben? Haben Sie sich gegen „alles" abgesichert? Kann man das überhaupt? Welche Ängste sind eigentlich realistisch? *Es gibt Hochrechnungen, dass ca. 150 Menschen pro Jahr durch herunterfallende Kokosnüsse getötet werden, 15 mal mehr als durch Haiangriffe (ca. zehn Tote im Jahr). Trotzdem haben viele Menschen Angst vor Haien, aber nur wenige vor Kokosnüssen.*
Die Versicherungen leben von den Ängsten der Menschen. Und ich glaube, sie leben gut davon. Natürlich sollten einige (wenige) Versicherungen abgeschlossen werden. Es ist sinnvoll auf bestimmte Sachen vorbereitet zu sein. Dann ist man nicht so überrascht und kann besser damit umgehen. Doch Menschen neigen zu Übertreibungen. Und manchmal führt genau das in die entgegengesetzte Richtung*. In der griechische Mythologie wollte Ödipus verhindern, dass sich die negative Prophezeiung des Orakels erfüllt. Aber gerade seine Verhinderungs-versuche führten dazu, dass sich die Prophezeiung erfüllt. Deshalb übertreiben Sie nicht mit Ihren Sicherheitsmaßnahmen. Diese könnten auch das Gegenteil bewirken (S. 48).

Zusatzinformationen:
* Im Buch „Risiko" beschreibt Prof. Gerd Gigerenzer, dass Menschen sich vor Sachen oft zu Unrecht fürchten und sich dadurch einem höheren Risiko aussetzen. In Großbritannien verbreiteten z.B. Ärzte, Apotheken und die Presse, dass das Thromboserisiko der Pille der 3. Generation sich um 100% erhöht habe. Daraufhin nahmen viele Frauen nicht mehr die Pille. Im Folgejahr kam es zu 13.000 zusätzlichen Abtreibungen und zu fast 15.000 zusätzlichen ungewollten Schwangerschaften. Das Thromboserisiko bei Schwangeren ist übrigens 7x (14 von 7.000) höher als wenn man die Pille der 3. Generation nimmt (2 von 7.000). Bei der Pille der 2. Generation hatte nur eine von 7.000 Frauen Thrombose bekommen. Von „eins" auf „zwei" ist dann die angegebene Steigerung von 100%. Weil die Pille aber nicht eingenommen wurde (um Thrombose zu verhindern), gab es mehr Thrombosekranke, mehr ungewollte Schwangerschaften und mehr Abtreibungen.

Sicher
ist
sicher!

37

3.1. Gefährliche Orte

„Denk immer daran, deine Wahrnehmung bestimmt deine Realität."
Jedi-Meister Qui-Gon Jinn

Es gibt verschiedene Faktoren, die Gewalt wahrscheinlicher machen. Nachts im dunklen Wald oder im Parkhaus ist der Mensch eigentlich viel sicherer als in einer Kneipe oder bei einem Rock-Festival.

Alkohol und andere Drogen
32% bis 45% der Gewalttaten entstehen durch die Droge „**Alkohol**". Besonders nach hochprozentigen Alkoholgetränken, z.B. Korn, Whisky oder Wodka, werden einige Menschen gewalttätiger. Andere Drogen steigern ebenfalls die Aggressionen (z.B. Kokain, Tilidin, XTC, Pep, Speed). Auch die „weiche Droge" Cannabis kann bei einigen Menschen den Hang zur Gewalttätigkeit steigern.

Junge Männer
Männer begehen öfter Straftaten als Frauen. Über 90% der Gewalttaten werden von Männern ausgeübt. Männer sind meist größer, stärker und schneller als Frauen. Schon in der Schule sind Jungen aggressiver und prügeln sich öfter. Ein Grund ist das Männer-Hormon Testosteron. Jungs haben mehr Testosteron im Blut als Mädchen. Es sorgt für den Bartwuchs und macht aggressiver. Spritzt man weiblichen Tieren Testosteron werden diese ebenfalls aggressiver. Und gerade junge Männer zwischen 15 und 25 Jahren haben besonders viel Testosteron (Energie) und machen gewalttätiges Verhalten wahrscheinlicher.

Menschenmengen
Hält man viele Tiere auf engem Raum, so beißen oder picken sie sich gegenseitig tot. Menschen sind da nicht anders. Die Gewalt in Großstädten ist schlimmer als in Dörfern. Auch das Hilfeverhalten ist unterschiedlich. In einer Studie von P. R. Amato (1983) zeigte sich, wie unterschiedlich das Hilfeverhalten gegenüber einem auf der Straße gestürzten Mann ist. Dabei kam heraus, dass in den Kleinstädten über 50% der Zeugen halfen und in den Großstädten lediglich 15%.

Feindbilder
Wenn viele junge Männer alkoholisiert aufeinandertreffen und zudem noch Feindbilder haben, genügt ein Funke und die Gewalt nimmt ihren Lauf. Ein gutes Beispiel sind Fußball-Großveranstaltungen.

3.2. Die eigene Person

„Achte stets auf deine Gedanken, sie werden zu Worten.
Achte auf deine Worte, sie werden zu Handlungen.
Achte auf deine Handlungen, sie werden zu Gewohnheiten.
Achte auf deine Gewohnheiten, sie werden zu Charaktereigenschaften.
Achte auf deinen Charakter, er wird dein Schicksal."
Talmud

Die meisten **Opfer** von Gewaltdelikten sind **männlich** und zwischen **15 und 25 Jahren** alt. Sind Sie also älter und weiblich, haben Sie bereits doppelt „Glück". *Nach den Statistiken müsste es eigentlich Männer-Parkplätze geben, die besser beleuchtet und überwacht sind.*

Außer dem Alter gibt es **Berufsgruppen**, die mehr gefährdet sind. Polizisten, Sicherheitsdienste und Pflegekräfte haben ein höheres Gewaltrisiko als Ingenieure, Landwirte oder Blumenverkäufer. Dementsprechend werden diese Berufsgruppen (meist) anders geschult und haben eine andere Ausrüstung.

Auch privat kann man sich durch Kleidung und **Optik** anpassen oder andere provozieren (siehe Grafik). Mit der Rolex-Uhr durch ärmliche Viertel oder als rechtsextremer Skinhead durch die Hamburger Hafenstrasse zu laufen, ist nicht immer gesund. Ich hatte mal einen Gerichtsvollzieher im Training, der einen Mercedes-Cabrio mit dem Aufkleber „Eure Armut kotzt mich an!" fuhr. Dies provoziert und erschwert eine Deeskalation.

Das Wichtigste ist und bleibt die **Einstellung** gegenüber anderen Menschen. Nach dem SOR-Modell (S. 14) können Sie über Ihre Einstellung (Organismus) auf andere Menschen (Reiz) positiv oder negativ reagieren. Mit den Einstellungen: „Was stört es die Eiche, wenn sich die Sau an ihr reibt." oder „Was stört es den Mond, wenn der Wolf ihn anheult!" bekommen Sie erst einmal eine Grundgelassenheit. Haben Sie am besten eine positive Einstellung gegenüber Menschen (S. 92), beachten Sie Bedürfnisse (S. 34) ohne zu werten (S. 28) und hören Sie gut zu (S. 30). Dann nimmt das Gewaltrisiko rasant ab.

„Richtige" Kleidung kann Leben retten!

41

3.3. Angst im Körper

„Wie es in den Wald hineinruft, so schallt es hinaus."
Deutsche Echo-Weisheit

Angst ist eine Art von Stress. Der Mensch möchte am liebsten der Situation entfliehen. Der ganze Körper zeigt diese Angstgefühle. Er macht sich zur Flucht oder zum Schutz bereit. Wird er in die Enge getrieben, kann er auch zum Angriff übergehen.

Die **„ängstliche Körpersprache"** strahlt Unsicherheit in Gestik und Mimik aus. Der Begriff Angst kommt aus dem Lateinischen und bedeutet soviel wie „Enge". Der Gang und die Bewegungen wirken „eingeengt" furchtsam und der Gesichtsausdruck scheint besorgt zu sein. Die Haltung ist gebückt, die Beine stehen eng zusammen, die Arme befinden sich vor dem Körper, die Schultern und der Kopf sind nach vorne gebeugt. Der „Ängstliche" schützt alle seine empfindlichen Körperteile, die sich auf seiner vertikalen Mittellinie befinden (Nasenbein, Kehlkopf, Solarplexus, Magengegend und Tiefbereich). Es wirkt so, als würde er sich wie ein Igel zusammenrollen oder sich der Embryonalstellung annähern.

Diese Körperhaltung wird zum **Schutz** eingenommen. Vor 100.000 Jahren war es so auch sinnvoll, weil Angst meist mit körperlichen Angriffen verbunden war. Heute haben Menschen Angst vor Prüfungen, Chefs und Schwiegermüttern. Hier nützt diese Körperhaltung nicht viel und trotzdem wird sie eingenommen.

Wenn sich Menschen anderen Personen unterordnen, machen Sie sich klein. Daraus ist auch entstanden, dass Menschen zur Begrüßung den Hut abnehmen oder einen „Diener" machen. Auch beim Betteln ist es „wichtig", dass man sich klein macht und in den **Tiefstatus** (S. 32) geht.

Es gibt den Spruch: „Ohne Rückgrat machst du eine schlechte Figur!" Ein herunterhängender Körper wirkt antriebs- und energielos. Ohne Energie ist man leicht im Kampf zu besiegen. Menschen, die aggressiv, frustriert und angriffslustig sind, suchen genau diese „Opferhaltung"! Sie möchten keine Gegenwehr, sondern ihren nur Frust bei irgendwem loswerden.

3.4. Humor

„Der Teufel hat Angst vor fröhlichen Menschen." Don Bosco

Humor* kann viel entkrampfen und dadurch deeskalieren. Die Eskalations-dynamik wird unterbrochen. Sie dürfen sich natürlich <u>nicht</u> über den anderen lustig machen, sondern eher mit ihm über etwas lachen. Sie sollten auch keine Ironie anwenden. Diesen Humor versteht nicht jeder und man stellt sich über die Situation, also von oben herab.

Beim Lachen wurden folgende Effekte gemessen:
- Reduzierung von Stresshormonen (Cortisol / Adrenalin)
- Förderung körperlicher Regeneration
- Entspannung der Muskulatur
- Ausschüttung und Freisetzung von Glückshormonen (Endorphinen)
- Senkung des Blutdrucks
- Erweiterung der Bronchien
- Förderung der Ausscheidung von Cholesterin
- Aktivierung gesunder Abwehrzellen

Humor ist gesund und kann sogar heilen!** Kabarettist und Mediziner Eckhard von Hirschhausen ist ein Befürworter von Humor in der Medizin. Von ihm stammt auch der Satz: „Kinder lachen 400 Mal am Tag, Erwachsene zwölf Mal und Tote gar nicht. Sogar der Laie erkennt da eine Tendenz."

Zusatzinformationen:
* Humor ist die Begabung eines Menschen, der Unzulänglichkeit der Welt und der Menschen, den alltäglichen Schwierigkeiten und Missgeschicken mit heiterer Gelassenheit zu begegnen. In den fünfziger Jahren lachten die Leute insgesamt noch täglich 18 Minuten lang - laut der deprimierenden Ergebnisse der Lachforschung heute nur noch sechs Minuten.
** Frank Farelly (1931 – 2013) gilt als Begründer der provokativen Therapie. Mit einem positivem Menschenbild und viel Humor (oft „bösem") lockte er die Patienten aus der Reserve. Er schaffte es trotz so Sätzen bei Übergewichtigen wie „Darf ich ihnen zwei Plätze anbieten" gemeinsam mit dem und nicht über den Patienten zu lachen. Dies führte oft zu positiven Veränderungen.

3.5. Arbeit

"Man verdirbt einen Jüngling am sichersten, wenn man ihn anleitet,
den Gleichdenkenden höher zu achten, als den Andersdenkenden."
Friedrich Nietzsche

Stress gehört zu den Faktoren, von denen alle Arbeitsbereiche* in den letzten Jahren zunehmend betroffen sind. Durch Personalabbau, Arbeitsverdichtung, wachsendem Zeitdruck, höhere Eigenverantwortung und steigenden Anforderungen nimmt der Stress zu. Ihr Arbeitgeber ist aber verpflichtet, Sie zu schützen und auch richtig zu schulen (SGB VII / BGB / ArbSchG / VSG). Nach- und Vorsorge sind gesetzlich geregelt und sollten eingefordert werden. Einige andere Dinge können Sie auch selbst regeln:

Wenn Sie ein **Büro** (siehe Grafik) haben, sollten Sie einige Sachen beachten:
- Sorgen Sie für eine angenehme Atmosphäre (Bilder, Pflanzen usw.).
- Bedenken Sie Fluchtwege für sich, aber auch für den Kunden.
- Legen Sie Termine so, dass noch Kollegen auf dem Flur arbeiten.
- Lassen Sie keine Schlüssel in der Türe stecken.
- Der Bildschirm sollte einsehbar sein (für mehr Transparenz).
- Besprechen Sie über Eck, im Idealfall mit kleinem Rundtisch.
- Lassen Sie keine gefährlichen Gegenstände (z.B. Scheren) herumliegen.

Natürlich weiß ich, dass nicht immer Optimalbedingungen vorliegen. Versetzen Sie sich aber wortwörtlich mal in die Lage des Klienten (Kunden, Patienten usw.) und gehen seine Wege. Setzen Sie sich auf den Stuhl und schauen, worauf Ihr Blick fällt. Was können Sie ändern, damit sich der andere demnächst wohlfühlt und nicht in die Nähe von „gefährlichen" Gegenständen kommt.

Zusatzinformationen:
* 9% der Arbeitnehmer sind psychischer Gewalt und 2% sexuellen Belästigungen ausgesetzt. Überträgt man diese Werte auf die 40 Millionen Erwerbstätigen in Deutschland, dann bedeutet dies, dass ca. 1,6 Millionen Beschäftigte von physischer Gewalt und ca. 3,6 Millionen von psychischer Gewalt am Arbeitsplatz betroffen sind. Der Kontakt mit „Kunden" erhöht das Risiko, Gewalt ausgesetzt zu sein. Das Gesundheitswesen und der Einzelhandel sind nach Angaben der EU die am meisten gefährdeten Branchen.

47

Vertrauen und **Beziehungsarbeit** sollten Ziele in der Arbeit mit Menschen sein - nicht Überwachung und Kontrolle (siehe Grafik – *Für einige Personen schreibe ich es noch einmal vorsichtshalber dabei: Dieses Bild ist ironisch gemeint!*). Stasi- und NSA-Staaten fördern Paranoia und bewirken das Gegenteil (S. 36). Gerade in diesen Ländern kommt es zu mehr Gewalttaten.

Waffen und Uniformen* fördern die Aggressionsbereitschaft. Allein, wenn Sie wissen, dass sich eine Waffe im Raum befindet (z.B. in Ihrer Schublade) ist Ihr Adrenalinpegel erhöht und Sie sind angespannter. Dies wirkt sich auf die Gesprächssituation negativ aus. Doch was ist bei der Arbeit wirklich wichtig? Ein arbeitender Mensch sollte „einfach" diese **drei Grundregeln** beachten:

1. Tag überleben! - **2.** Gesund in die Rente kommen! - **3.** Arbeit gut machen! Mit Respekt anderen gegenüber kann man oft schon diese Regeln abdecken.

Ein gutes Beispiel sind **Überzieher** für die Schuhe, wenn Sie Hausbesuche machen (besonders bei Moslems sinnvoll). 100 Stück (OP-Überschuhe in Blau) bekommen Sie ab 4,- €. So können Sie viele Eskalationen vermeiden. Sie zeigen Respekt und können trotzdem Ihre Schuhe anbehalten, wenn Sie es möchten.

Für Notfälle kaufen Sie einen batteriebetriebenen **Schrillalarm** (Taschenalarm) oder eine Trillerpfeife. Diese lenken ab, unterbrechen dadurch Eskalations-dynamiken und schaffen Aufmerksamkeit.

Achten Sie im **Team** aufeinander. 30 - 120 Minuten Pause nach einer Eskalation ist sinnvoll (S. 12) und gesünder für alle Team-Mitglieder. Auch aus „egoistischen" Gründen sollten Sie auf die Kollegen achten. Schließlich müssen Sie sonst deren Arbeit machen, falls der Kollege länger ausfällt.

Zusatzinformationen:
* Beim **Standford-Experiment** wurden 24 „normale" Studenten aus der Mittel-schicht per Münzwurf zu Gefängniswärtern und zu Gefangenen für zwei Wochen. Das Experiment geriet sehr schnell außer Kontrolle. Nach drei Tagen zeigte ein Gefangener extreme Stressreaktionen und musste entlassen werden. Einige der Wärter zeigten sadistische Verhaltensweisen, speziell bei Nacht, wenn sie vermuteten, dass die angebrachten Kameras nicht in Betrieb waren. Teilweise mussten die Leiter einschreiten, um Misshandlungen zu verhindern. Nach nur sechs Tagen wurde das Experiment abgebrochen.

Mehr Sicherheit am Arbeitsplatz
z.B. in der Schule

4. Gefahreneinschätzung

*„Einer der häufigsten Fehler der Menschen liegt darin, dass sie glau-
ben, dass unsere begrenzte Wahrnehmungsfähigkeit auch die Grenze
dessen ist, was wir erfahren können." C. W. Leadbeater*

Gefahrensituationen sind Stresssituationen (S. 12). Es ist wenig hilfreich erst bei fortgeschrittener Eskalation zu merken, dass das Gegenüber „anscheinend" aggressiv ist (siehe Grafik). Je eher Sie Warnsignale wahrnehmen, desto besser können Sie deeskalieren. Es gibt Vorwarnzeichen (Gewaltprädiktoren), die zeigen, dass Sie oder Ihr Gegenüber zunehmend aggressiver werden. Einige sind gut zu erkennen und andere fast gar nicht:

- Anstieg des Blutdrucks / Gesteigerte Durchblutung (Roter Kopf / Adern treten hervor / Hautrötungen und Jucken)
- Atembeschleunigung (Bronchialdilatation)
- Weitung der Pupillen
- Schwitzen / Kalter Angstschweiß
- Gähnen
- Trockener Mund
- Augenzucken
- Zähne klappern
- „Weiche Knie" oder Zittern der Knie
- Kalte Extremitäten, Zunahme der Koagulolabilität *(Fremdwort zum Angeben ;-))*
- Erhöhte Energievorhaltung (via Cortisol)
- Erhöhter Muskeltonus, Reflexsteigerung
- Kurzfristig verbesserte Immunität und Schmerztoleranz
- Lippen zum Schrei geöffnet oder zusammengepresst
- Geweitete Nasenflügel
- Die Stimmlippen im Kehlkopf verkürzen sich bei Stress. Die Stimme wird oft höher und lauter. Es wird meist auch schneller gesprochen.

4.1. Wahr-nehmung

„Die Frage ist nicht, was man betrachtet, sondern was man sieht."
Henry David Thoreau

Sie haben fünf **Wahrnehmungsorgane** (Augen, Ohren, Haut, Nase, Zunge) und können über diese Informationen aufnehmen. Sie nehmen um sich herum „wahr", was für Ihre Sinne wahr ist. Dies kann aber auch eine „unwahre" Fata Morgana oder eine Halluzination sein.

Jeder Mensch bekommt über seine **Sinnesorgane** bis zu 11.000.000 Informationen pro Sekunde geliefert, kann bewusst aber höchstens 35 Informationen verarbeiten. Dieser Filterungsprozess wird durch die jeweiligen Werte, Überzeugungen, Erinnerungen, Erfahrungen und Hintergründe beeinflusst (SOR-Modell auf S. 14). Es gehen also eine Menge Informationen verloren. So hat jeder nur eine begrenzte Anzahl von Informationen und kreiert damit seine eigene Wahrheit*.

Schwierig ist es, „**objektiv**" zu beobachten. Werten Sie daher nicht vorschnell. Auch Spaßkloppe und „normale" Ehestreitigkeiten können gewalttätig aussehen. Trotzdem ist ein Einschreiten nicht immer erwünscht. Neben dem aufmerksamen Beobachten kann da noch das freundliche Nachfragen sinnvoll sein.

Die Schärfung der **Wahrnehmung** kann jedenfalls zur Deeskalation beitragen. Sie sollten lernen, frühzeitig Warnsignale von anderen und von sich selbst zu erkennen. Die eigenen Gefühle können genauso wie die Körpersprache des Gegenübers ein Warnsignal für Eskalationen sein.

Zusatzinformationen:
* Der Konstruktivismus geht davon aus, dass sich jeder seine eigene Welt im Gehirn erschafft. Niemand sieht demnach die „echte" Welt, sondern macht sich nur eine Karte von dieser. Dabei können die Karten von verschiedenen Menschen sehr unterschiedlich sein. Menschen mit ähnlichen Karten verstehen sich in der Regel besser. Sie sprechen die „gleiche" Sprache und befinden sich auf einer „Wellenlinie".

Gebot Nr. 2: Nehmen Sie Ihre Umgebung aufmerksam wahr!

Verschiedene Blickwinkel

Sieht der „kacke" aus!

Er ist bestimmt stolz, dass er soviel abgenommen hat!

Ich musste früher auch die Kleidung meines älteren Bruders tragen!

Ich bin „cool"!

Jugendliche signalisieren dadurch Symphatie zu Strafgefangenen, da diese durch Gürtelverbot die Hosen tief hängen haben!

4.2. „Gefährliche" Menschen

„Der Andersdenkende ist kein Idiot, er hat sich eben eine andere Wirklichkeit konstruiert." Paul Watzlawick

Wie bereits geschrieben, kann jeder Mensch gewalttätig sein. Rein statistisch sind Männer gefährlicher. Von den rund 77.500 Menschen im Strafvollzug in Deutschland sind nur etwa 4.400 weiblich. Im Alter zwischen 15 und 25 Jahren sind Menschen aggressiver*. Alkohol, andere Drogen, Feindbilder und große Menschenmengen erhöhen die Gewaltbereitschaft (S. 38).

Entscheidend ist auch, wie wichtig die Thematik für Ihr Gegenüber ist. Geht es um Grundbedürfnisse**? Ihr Gegenüber fühlt sich bei Leib und Leben bedroht? Dann können auch die Reaktionen heftiger ausfallen. Arbeiten Sie z.B. beim JobCenter und veranlassen Kürzungen? Ihr Gegenüber kann dort schnell sein Leben bedroht fühlen oder seine Rolle als Familienversorger. Da ist Fingerspitzengefühl gefragt. Manche Menschen nehmen aber auch andere Angelegenheiten als extrem wichtig. Fragen Sie zum Beispiel mal einen „richtigen" Fußball-Fan. Werden Bedürfnisse nicht erfüllt, können leicht Ängste und Aggressionen entstehen. Und je wichtiger die Bedürfnisse dieser Person sind, desto wahrscheinlicher werden Gewalttätigkeiten.

Zusatzinformationen:
* Prof. Adrian Raine (Universität Südkalifornien) untersuchte 1998 die Hirnaktivität von 41 Mördern. Teile des präfrontalen Kortex im Gehirn waren auffallend gering aktiv. In der Pubertät ändert sich die Hirnstruktur. Der präfrontale Kortex wird dabei „umgebaut" und ist teilweise weniger aktiv. Viele Verhaltensweisen in der Jugend sind durch diesen „Hirnschaden" zu erklären, *z.B. auch einige meiner Erlebnisse.* Mit 25 Jahren ist die Baustelle Gehirn meist fertig und da setzt dann oft auch der „Verstand" ein.
** Der amerikanische Forscher Abraham Maslow (1908 - 1970) hat die menschlichen Bedürfnisse zusammengefasst und nach ihrer Bedeutung gegliedert:
1. Grundbedürfnisse: Hunger, Durst, Sexualität, Schlaf, Selbsterhaltung
2. Sicherheit: Schutz, Geborgenheit, Stabilität
3. Soziale Zugehörigkeit: Gemeinschaft, Kommunikation, Liebe
4. Anerkennung: Achtung, Wertschätzung, Lob, Status
5. Selbstentfaltung: Kunst, Eigenverantwortung, Selbstverwirklichung

Das fehlende Bindeglied
in der Evolutionstheorie
zwischen dem Neandertaler
und dem Menschen :

Der Jugendliche !

2014

4.3. Körper Macht Gewalt

Ein Mann trägt zwei Fässer durch die Straßen. An einer Ecke wird er von einem Fremden gefragt: „Wo geht es hier zum Bahnhof?" Der Gefragte erwidert: „Moment! Könnten sie einmal die Fässer halten, dann kann ich ihnen antworten." Er übergibt dem Fremden die beiden Fässer, zieht die Schulter hoch und sagt: „Tut mir leid, das weiß ich nicht!" Danach nimmt er wieder seine Fässer und geht seines Weges.

Laut einer US-Studie wirken Menschen, die eine Schusswaffe in der Hand halten, auf andere größer und muskulöser. Professoren werden größer geschätzt als Studenten, und erfolgreiche Manager sind im Durchschnitt größer als unerfolgreiche Menschen. *Es kommt also doch auf die Größe an.*

Die **„aggressive Körpersprache"** soll Größe zeigen und Macht demonstrieren. Dass das Gegenüber unterlegen ist, zeigt „Mann" am deutlichsten, wenn das Gegenüber ohn(e)-mächtig „unter" ihm liegt. Aus diesem Grund sucht der Aggressive sich ein Opfer und keinen Gegner, weil er sonst selbst unte(r)n-liegen könnte. Das Beeindrucken des Gegners durch aggressive Gesten hat sich seit Tausenden von Jahren nicht geändert. Der Stand ist mehr als schulterbreit und die Arme sind nach unten zur Seite gestreckt, um der Öffentlichkeit zu zeigen, wie breit und mächtig man ist. Dies ist sehr gut bei „Möchte-gern-Bodyguards" vor einigen Diskotheken zu bewundern. Der Kopf ist angehoben und damit wird der Kehlkopf freigelegt. Die vertikale Mittellinie ist völlig ungeschützt, um dem Gegenüber die empfindlichen Körperpunkte zu präsentieren. Diese Haltung gab es schon bei den Revolverhelden des Wilden Westens: „Ich zeige dir meine Schwachstellen (Kehlkopf, Tiefbereich usw.) und habe meine Waffen unten (Fäuste / Pistolen). Trotzdem hast du keine Chance gegen mich!" Der aggressive Typ wird gerne von Gleichgesinnten als Gegner und als Herausforderung genommen, um ihm zu zeigen, dass er nicht der Stärkere ist. Um die Größe auszugleichen, richten wir uns in Streitsituationen auf. Wir machen uns breit und plustern uns auf, um Stärke zu zeigen. Tiere haben zusätzlich Federn oder Haare, die sie zur Vergrößerung einsetzen können. Der Gorilla stellt seine Haare an den Schultern auf, damit er noch breiter und stärker wirkt. Das haben unsere menschlichen Armeen und Polizeikräfte weltweit übernommen und zeigen ihre Stärke in Form von verschiedenen Zeichen auf ihren Schultern. Auch die breite Brust vom Gorilla spiegelt sich in der ordenbehangenen „Heldenbrust" wider.

4.4. Was guckst Du?!

„Die Bewegungen der Mimik enthüllen die Gedanken und Absichten eines Menschen mehr als Worte." Charles Darwin

Primaten haben so wenige Haare im Gesicht, weil sie viel über die **Mimik** kommunizieren. 43 Muskeln im Gesicht sorgen für über 10.000 verschiedene Gesichtsausdrücke. Die sieben Basisemotionen (Freude, Ekel, Überraschung, Trauer, Furcht, Verachtung, Wut) werden von allen Menschen auf der Welt im Gesicht gleich dargestellt. Die sogenannten Mikroausdrücke*, welche kürzer als eine Sekunde auf dem Gesicht zu lesen sind, können nicht unterdrückt werden. Es ist sinnvoll diese lesen zu können. Einige sind recht offensichtlich (*Woran erkennen Sie, dass ein Politiker lügt? – Er bewegt die Lippen!*), andere sind eher schwieriger zu erkennen.

Die Augen werden als Tor zur Seele bezeichnet. Und tatsächlich kann man nachweisen, dass sich Pupillen bei emotionaler Beteiligung (positiv/negativ) vergrößern. Und es gibt auch andere Hinweise im Gesicht, dass Ihr Gegenüber wütend ist:

*   hervortretende Adern
*   Wutfalten im Stirnbereich
*   zusammen- und herabgezogene Augenbrauen
*   schmale Augen / Unterlider angespannt
*   gerümpfte Nase
*   zusammengebissene Zähne / Lippen zusammengepresst
*   hervortretendes Kinn
*   angespannte Halsmuskulatur

Zusatzinformationen:
* Der US-Psychologe Paul Ekman (*1934) erforscht die menschliche Mimik und schrieb einige Bücher, u.a. „Gefühle lesen". Er entwickelte eine Methode, mit der man Mikroausdrücke besser lesen kann (Facial Action Coding System). Paul Ekman ist auch wissenschaftlicher Berater der US-TV-Serie „Lie to me" und gilt als Vorbild für den Hauptcharakter Dr. Cal Lightman.

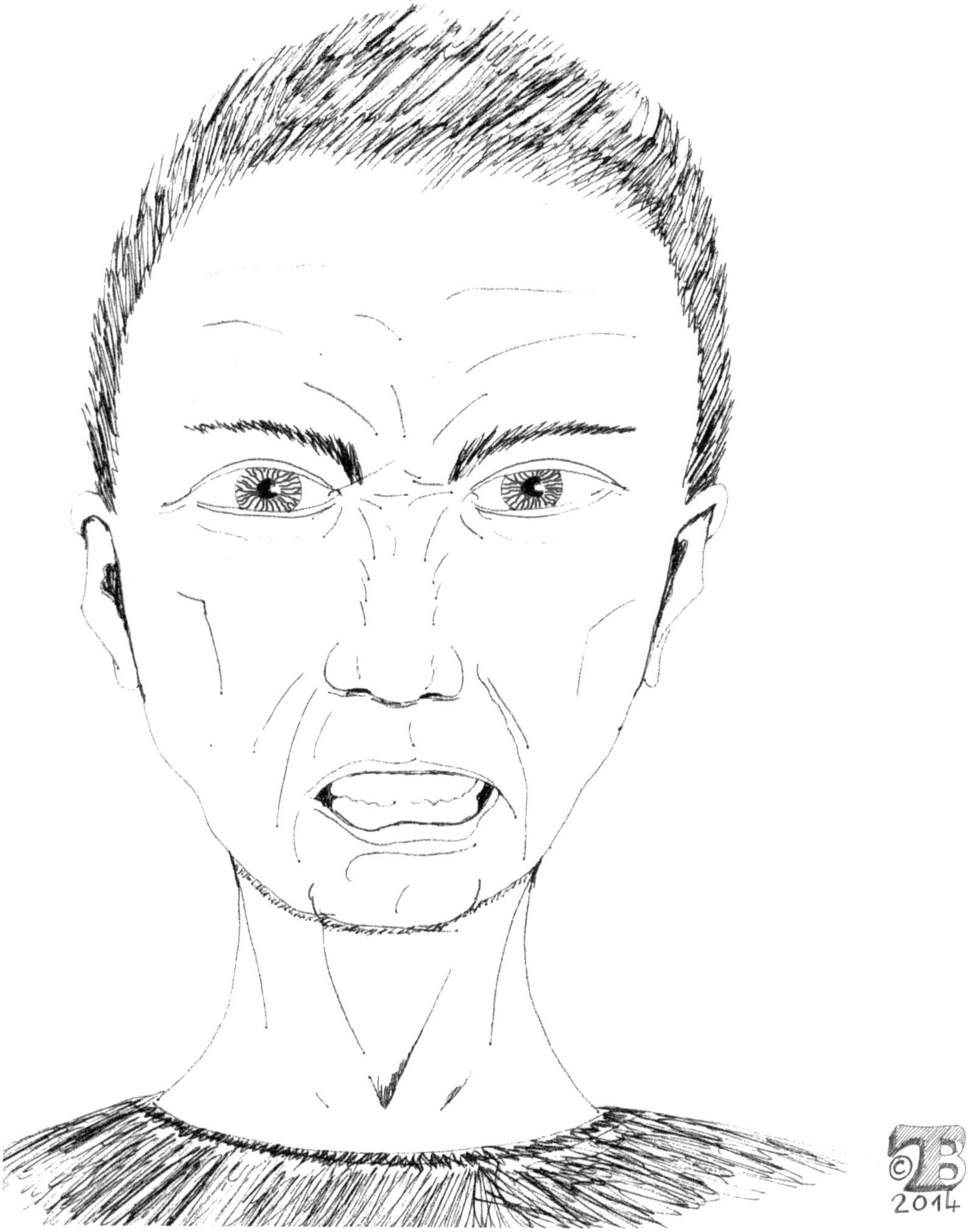

59

4.5. Bauch schlägt Kopf

*„Man muss mit dem Herzen sehen, denn das Herz sieht Dinge,
die dem Auge verborgen bleiben. "*
Antoine de Saint-Exupéry: „Der kleine Prinz "

Das Bauchgefühl* (Intuition) zeigte in vielen Untersuchungen bessere Ergebnisse als der Verstand. Die besten Entscheidungen sind die, die intuitiv getroffen werden. Interessanterweise schnitten sogar bei Aktienkäufen und Sportwetten „Unwissende mit Bauchgefühl" besser ab als die teuren Fachleute. Für weitere Informationen empfehle ich das Buch „Bauchentscheidungen" von Prof. Gerd Gigerenzer.

Hören Sie, gerade in Stresssituationen, auf Ihr Bauchgefühl.**
Ihre Intuition ist ein gutes Frühwarnsystem, welches Ihnen meist rechtzeitig signalisiert, wenn eine Situation zu eskalieren droht. Vertrauen Sie lieber diesem Gefahrenmeldersystem als der inneren Stimme Ihrer Erziehung, die sagt: „So etwas tut man nicht …!"
Wie bereits beschrieben (S. 52), verarbeiten Sie von den bis zu 11.000.000 Informationen pro Sekunde höchstens 35. Ihr Unbewusstes hat mehr Informationen als Ihr Bewusstsein und kann deshalb die Lage besser überblicken. (PS: Trotzdem kann es sich mal irren!)

Zusatzinformationen:
* Im Darm befindet sich das „enterale" Nervensystem. 1981 bewies der Neurobiologe Michael Gershon, dass dieses komplett eigenständig arbeitet. Der Darm ist so eigenständig, dass er erst 24 Stunden später den Tod des Menschen bemerkt und aufhört zu arbeiten. Er besitzt die gleichen Neuronen (ca. 100 Millionen) wie das „Kopfgehirn". Zudem wirken die gleichen Neurotransmitter und Neuromodulatoren. Fast alle chemischen Vorgänge, die im Kopf für das Denken, Erinnern und Planen sorgen, finden auch im Darm statt.
** „Je komplexer eine Entscheidung, desto mehr sollte man seinem Unbewussten vertrauen." Ap Dijksterhuis (niederländische Sozialpsychologe)

Gebot Nr. 10: Hören Sie auf Ihr Bauchgefühl!

5. Gefahren abwehren

*Der Wald befindet sich in großer Unruhe. Der aggressive Bär hat eine Todesliste angefertigt. Ängstlich fragt das Reh nach: „Du Bär, stehe ich auf der Liste?" „Ja!" Das Reh flieht und wird drei Tage später tot aufgefunden. Listig fragt der Fuchs nach: „Stehe ich auch auf der Liste?" „Ja!" Der Fuchs flieht und wird drei Tage später tot aufgefunden. Nun fragt der Hase nach: „Stehe ich auf der Liste?" „Ja!" „Kannst Du mich streichen?" **„Klar!"**, antwortet der Bär.*

Manchmal ist Deeskalation leichter als man denkt. Es ist oft eine einfache, klare und wohlwollende Kommunikation gefragt. Dazu eine Geschichte von mir: *Angetrunkene Jugendliche grölten im Park und wirkten sehr aggressiv. Ich ging mit Frau und Kind spazieren. Meine zweijährige Tochter war gerade eingeschlafen und ich trug sie im Trage-Rucksack. Der Beschützerinstinkt und der Adrenalinspiegel stiegen in mir an. Ich dachte schon: „Dieses Pack, gleich wird meine Tochter wach!" Dabei machte ich mich breiter und größer (S. 56). Meine Frau rannte plötzlich zu den Jugendlichen vor. Diese waren dann still und hatten alle den Finger vor dem Mund, als wir an ihnen vorbei gingen. Ich fragte meine Frau völlig erstaunt: „Was hast du denen denn gesagt?" Sie antwortete: „Dass unser Kind schläft und ob sie bitte leise sein könnten. Sonst nichts. Wieso?"*

Vor-Urteile und ein dementsprechendes Vorgehen erschweren die Deeskalation. Provokationen jeglicher Art sollten vermieden werden. Selbst „böse" Gedanken sind hinderlich. Die innere Haltung spiegelt sich nunmal **immer** in der äußeren Haltung. Auch Sätze wie „Du wirst schon sehen, was du davon hast!" oder „Sie machen die Sache dadurch auch nicht besser!" provozieren eher und dienen nicht der Deeskalation.

Aber auch, wenn Sie eine menschenfreundliche Einstellung haben, sollten Sie nicht kopfüber in die Gefahr springen. Schätzen Sie die Gefahren, aber auch die Flucht- und Schutzmöglichkeiten, ab. **Eigensicherung geht immer vor.** Dabei sollten Sie natürlich auch auf Ihr Bauchgefühl hören (S. 60).

Gebot Nr. 4: Denken Sie an Ihre eigene Sicherheit!

5.1. Stressbewältigung

„Zorn. Furcht. Aggressivität. Die Dunklen Seiten der Macht sind sie. Besitz ergreifen sie leicht von dir." Jedi-Meister Yoda

Um in einer Situation den Stress kurzfristig zu bewältigen, gibt es sechs Möglichkeiten:

Spontane Entspannung
Tiefes Ein- und bewusstes Ausatmen, das An- und Entspannen einzelner Muskeln (S. 65 „Faust in der Tasche") oder das sich Recken und Strecken sind die Methoden der Wahl.

Innere Ablenkung
Schon das kurze Hinwenden zu angenehmen Gedanken oder Erinnerungen kann helfen, den Stress zu reduzieren und die Handlungsfähigkeit zu erhalten.

Äußere Ablenkung
Zur äußeren Ablenkung zählen alle Aktivitäten, die von der Belastung ablenken. Schauen Sie z.B. kurz aus dem Fenster.

Positive Selbstinstruktion
Positiv eingesetzte Gedanken *(z.B. Urlaubserinnerungen)* zur Selbstmotivation, welche zur Relativierung von belastenden Situationen eingesetzt werden können.

Abreaktion
Was dem Urmenschen der Hieb mit der Keule, ist dem heutigen Uhr-Menschem die Abreaktion. Aufgestaute Energien werden durch körperliche Aktivität kanalisiert.

Verringerung der Stressdosis
Warum sich unnötig zusätzlichen Stress bereiten? Indem man das Radio oder den Fernseher ausschaltet, den Telefonhörer daneben legt oder das Fenster schließt, werden Stressoren beseitigt.

Hier noch einige Anregungen:

Ausatmen

Atmen Sie dreimal tief ein und aus. Atmen Sie durch die Nase ein und durch den Mund aus. Wichtig ist, dass Sie beim Einatmen Ihre Lungen komplett füllen (Bauch-, Brust- und Rippenatmung) und beim Ausatmen die Lungen komplett leeren (zum Ende dreimal stoßend ausatmen).

Lächeln

Ziehen Sie sich zurück und „verzerren" Sie 60 Sekunden Ihr Gesicht zu einem Lächeln. Die ersten 45 Sekunden kommen Sie sich meist blöd vor, dann produziert Ihr Körper Glückshormone. Sie können die Sache dann lockerer angehen. Außerdem stärken Mundwinkel in dieser Position nachweislich Ihr Immunsystem.

Bis Zehn zählen

Zählen Sie laut, leise oder im Kopf langsam bis Zehn. Ihr Gehirn und Ihr Körper können sich ein wenig beruhigen und Sie begehen seltener „unüberlegte" Handlungen.

Blick weiten

In einer Stresssituation fokussiert sich Ihr Blick (Tunnelblick). Weiten Sie den Blick und nehmen Sie die komplette Umgebung defokussiert wahr.

Faust in der Tasche

Spannen Sie die Fäuste an. Halten Sie diese fünf Sekunden lang. Und lassen Sie wieder locker. Wiederholen Sie dies dreimal.

Energetisches Klopfen

Über die Wirkungsweise des Klopfens am eigenen Körper gibt es verschiedene Ansätze: chinesische, indische, chemische, esoterische usw. Mir sind die biochemischen (Durch Druck auf bestimmte Punkte werden Enzyme freigesetzt.) und die Keine-Ahnung- (*Es funktioniert auch, wenn man nicht daran glaubt.*) Ansätze am liebsten.

Klopfen Sie mit Zeige- und Mittelfinger zwischen Nase und Mund, so dass es Ihnen angenehm ist. 90 Sekunden reichen meist zur Beruhigung aus.

Wichtig: Die Methode sollte zu Ihnen passen, sonst funktioniert es nicht.

Ich bin kein Köln-Fan, Ziegen stinken und Karneval ist auch nicht mein Ding. Trotzdem ist das „Kölsche Grundgesetz" zur Stressbewältigung toll geeignet. Hier mit „deutscher" Übersetzung.

1. Et es wie et es. – Akzeptieren Sie, was gerade ist.

2. Et kütt wie et kütt. – Machen Sie sich keine unnötigen Sorgen.

3. Et hät noch immer joot gejange. – Bleiben Sie optimistisch.

4. Wat fott es, es fott. – Lassen Sie die Vergangenheit los.

5. Et bliev nix wie et wor. – Alles ist im Fluss.

6. Kenne mer nit, bruche mer nit, fott domet. – Prüfen Sie, was Sie brauchen.

7. Wat wells de maache? - Versuchen Sie nichts Unveränderliches zu ändern.

8. Maach et joot, avver nit zo off. - Achten Sie aufs rechte Maß.

9. Wat soll dä Käu? - Hinterfragen Sie und tun Sie Sinnvolles.

10. Drinks de ejne met? - Pflegen Sie Ihre Freundschaften.

11. Do laachs de disch kapott. - Behalten Sie Ihren Humor.

Bleiben Sie in Krisensituationen locker – im Körper und im Geist. Dadurch sind Sie viel flexibler. Angespannt ist der Mensch einfach unbeweglicher – im Körper und im Geist.

Sie sollten sich dabei über zwei Sachen niemals aufregen:
1. Dinge, die Sie ändern können.
2. Dinge, die Sie <u>nicht</u> ändern können.
*Unter die zweite Kategorie fallen auch **alle** Menschen.*

Gebot Nr. 3: Beruhigen Sie sich in Stresssituationen selbst!

5.2. Der Körper spricht

„Es geht immer auch anders." Thomas Mann

Die Botschaft einer Nachricht bestimmt hauptsächlich der Empfänger und nicht der Sender. Die Wirkung einer Botschaft ergibt sich dabei nur zu etwa **7 Prozent** aus ihrem sprachlichen Inhalt. Zu **38** Prozent bestimmen Betonung und Sprechweise unsere Aussage, zu **55** Prozent sind es unsere Gesten und Bewegungen (Untersuchungen von Albert Mehrabian).

Andere Experten bezeichnen den Köper als „Handschuh der Seele" und sagen, dass dieser sogar 90% der Kommunikation ausmacht. In einer Stresssituation ist es sinnvoll weder Angst (S. 42) noch Aggressionen (S. 56) zu zeigen. Zu der Körpersprache gehört auch das **Distanzverhalten** (siehe Grafik), welches aber je nach Kultur ein wenig unterschiedlich sein kann. Und wenige Zentimeter können da schon große Unterschiede machen.

Selbst-bewusstsein bedeutet, die eigenen Fähigkeiten zu kennen, aber auch die Eigenarten. Man ist sich selbst bewusst. Der „Selbst-bewusste" kennt seinen Stellenwert und weiß, wie viel Platz er einnehmen „darf". Er steht hüftbreit und seine Körperhaltung ist aufrecht und gerade, ohne hoch-näsig zu wirken. Er hat einen „festen Standpunkt" und besitzt „Rückgrat". Die Wahrscheinlichkeit, dass er von einem Gewalttäter provoziert wird, ist gering. Für den „aggressiven Typ" ist er weder als „Opfer" noch als „Feind" zu erkennen. Der Aggressor kann also weder seinen Selbst-wert durch einen einfachen Kampf aufbauen, noch muss er sein „markiertes" Revier verteidigen. Die Person wird vom Gegenüber **neutral** wahrgenommen. Die **neutrale Körperhaltung** wirkt also weder aggressiv noch ängstlich:

- Der **Stand** ist hüftbreit.
- Die **Knie** sind <u>nicht</u> durchgedrückt, sondern leicht angewinkelt.
- Die **Hüfte** befindet sich in der Mittelposition.
- Die **Wirbelsäule** ist gerade. Die Brust ist weder nach vorne aufgerichtet wie beim Gorilla, noch nach innen zur „Hühnerbrust" gepresst.
- Die **Arme** hängen locker neben dem Körper. Der Mittelfinger ist an der Hosennaht. Oder die Arme bewegen sich oberhalb der Gürtelschnalle.
- Der **Kopf** ist gerade und aufrecht. (Die Nase nach unten wirkt eher ängstlich und die Nase nach oben wirkt hoch-*näsig*.)

69

Hier noch einige Tipps zum Thema Körpersprache:

Kopfhaltung (geneigt / gerade)

Der Kopf ist die Verlängerung der Wirbelsäule. Ist dieser geneigt, zeigt man damit Verständnis und Zuneigung. Jungfrau Maria wird zum Beispiel fast immer mit geneigtem Kopf dargestellt. Im Gespräch halten wir oft den Kopf schief, wenn wir interessiert sind. Doch um eine Regel durchzusetzen und willensstark zu erscheinen, ist es sinnvoll, den Kopf gerade zu halten.

Handhaltung (Handinnenflächen oben / unten)

Viele Selbstverteidigungsarten (u.a. WingTsun, Krav Maga) raten dazu, die Arme in gefährlichen Situationen vor den Körper zu holen. Diese sind dann in einer guten Position, um zu verteidigen. Auf den meisten Lehrgängen wird dazu eine Stellung gezeigt, in welcher die Handinnenflächen nach unten zeigen. Doch dies deeskaliert <u>nicht</u>. Es ist eher ein deckeln von oben herab. Dazu ein: „Jetzt bleiben Sie mal schön ruhig!" provoziert den anderen. Wenn Sie die Arme vor dem Körper haben, so halten Sie die Handinnenflächen nach oben. Dies wirkt weniger bedrohlich und Sie stellen sich auch nicht über die andere Person (S. 32).

Stand (gerade / gedreht)

Ein direktes Gegenüberstehen in einer angespannten Situation erschwert die Deeskalation. Leicht gedreht und das Einnehmen der neutralen Haltung (S. 68) wirkt weder bedrohlich noch ängstlich. Die Chancen für eine Deeskalation steigen.

Abstand (wegdrücken / zurückgehen)

Manchmal kommen uns Menschen körperlich zu nahe. Dies kann zur Provokation dienen oder auch aufgrund eines anderen Distanzgefühles (S. 68) passieren. Den anderen wegzudrücken oder gar wegzuschubsen, wird dann oft als aggressive Handlung wahrgenommen. Allein das Berühren kann als Grenzüberschreitung angesehen werden. Da befänden Sie sich dann schon in der dritten und letzten Vorphase, bevor der Kampf losgeht (S. 20). Beim Zurückgehen würde der andere aber höchst wahrscheinlich folgen.

Nehmen Sie die Arme vor Ihren Körper in Schulter- bzw. Brusthöhe ohne Ihr Gegenüber zu berühren. Lassen Sie die Hände so und gehen Sie einen Schritt zurück (siehe Grafik). Sie signalisieren damit, dass Sie von Ihrem „Standpunkt" abweichen können, aber auch einen Mindestabstand einfordern.

5.3. Bestimmt und freundlich

„Für einen Friedensnobelpreis würde ich töten." Steven Wright

Bleiben Sie ruhig, wohlwollend und klar. Auch wenn Ihr Gegenüber unfreundlich wird und Sie duzt, bleiben Sie freundlich und beim „Sie". Verwenden Sie kurze und klare Sätze. Versuchen Sie einen guten Kontakt herzustellen. Der gute Kontakt benötigt auf jeden Fall positive Wertschätzung*. Viel können Sie bereits durch einen „vernünftigen" Handschlag** hinbekommen.

Stellen Sie Ihrem Gegenüber **offene Fragen** (Fragen, auf die man nicht nur mit „Ja" oder „Nein" antworten kann). Ehrliches Nachfragen ist eine der besten Methoden zur Deeskalation, denn:
* Sie treten in Beziehung mit dem Gegenüber.
* Sie zeigen Interesse am Gegenüber.
* Ihr Gegenüber wird zum Nachdenken animiert.
* Ihr Gegenüber bekommt die Gelegenheit, seine Bedürfnisse zu erklären.
* Durch Fragen lenken Sie das Gespräch (Wer fragt, der führt).
* Sie bekommen mehr Informationen, um an einer Lösung zu arbeiten.
* Solange Ihr Gegenüber spricht, wird er Sie nicht schlagen.

Zusatzinformationen:
* Viele Therapieformen sprechen von **„positiver Wertschätzung"** der Person und vom „einfühlenden Verstehen" (Empathie). Neben der Echtheit (Authentizität) gehören diese Faktoren zu den Grundpfeilern der Klientenzentrierten Gesprächstherapie nach Carl Rogers. Die amerikanische Autorin Byron Katie und der Transaktionsanalytiker Thomas A. Harris nannten ihre Bücher nach der Grundhaltung, die sie für unumgänglich halten, wenn Sie sich und die anderen verstehen und gegebenenfalls Einstellungen verändern möchten: „Lieben, was ist" und „Ich bin o.k. – Du bist o.k.".
** Nach Florin und Sanda Dolcos vom Beckman Institute verstärkt der **Handschlag** die positive Wirkung einer Person enorm. Diese soziale Interaktion aktiviert nachweislich diverse Hirnregionen stärker als alle anderen verbalen Begrüßungsriten. Francesca Gino von der Harvard Business School ließ Probanden Geschäfte abschließen. Gaben sich die Probanden die Hand, waren die Verhandlungsergebnisse jedes Mal fairer.

Du musst nicht traurig sein, dass sich deine Eltern trennen.

Sie bleiben ja immer noch Geschwister!

W.A.V.E.-Technik

W.A.V.E. ist eine Technik, die vom mir an pädagogische Kräfte vermittelt wird. Wenn eine Person (z.B. Schüler) nicht die Regeln einhält oder eine Anweisung nicht befolgt, kann W.A.V.E angewendet werden. Es sind vier Schritte, die aufeinander folgen. Meist ist bereits bei der zweiten Stufe der Konflikt vorbei.

W: Wiederholungen (1. Stufe)

Sie wiederholen immer wieder den gleichen Satz. Halten Sie es ruhig mal 30 bis 120 Sekunden durch.
Beispiel: Schüler Max hat seine Füße auf dem Tisch. Der Pädagoge sagt langsam und in ruhiger Tonlage: „Nimm bitte die Füsse vom Tisch. Max, nimm die Füsse runter. Bitte die Füsse runter."

A: Achtung (2. Stufe)

Achtung, jetzt wird es ernst! Sie verschaffen sich die Aufmerksamkeit Ihres Gegenübers. Sie nehmen klaren Blickkontakt auf und nähern sich ihm. Ihre Stimme ist jetzt fordernd und ein wenig lauter.
Beispiel: Der Pädagoge nähert sich dem Jugendlichen. „MAX, ich möchte, dass du sofort die Füsse vom Tisch nimmst!"

V: Verantwortung (3. Stufe)

Übergeben Sie nun dem Gegenüber die Verantwortung für sein Handeln. Geben Sie ihm wenigstens zwei Alternativen und gehen Sie dann einen Schritt zurück oder drehen Sie sich sogar um. So geben Sie ihm mehr Freiraum und er fühlt sich nicht mehr so bedrängt. Nennen Sie die Alternative zum Schluss, die Sie sich wünschen würden. Dies hat dann mehr „Nachklang" und wird eher gewählt.
Beispiel: „Max, du hast die Wahl. Möchtest Du heute nachsitzen oder lieber die Füsse vom Tisch nehmen!? Es ist deine Entscheidung." Dabei geht der Pädagoge einige Schritt zurück und dreht sich um.

E: Entscheidung (4. Stufe)

Wenn Ihr Gegenüber die Entscheidung getroffen hat, dann sollten Sie nicht noch einmal nachfragen. Ziehen Sie die Entscheidung durch, auch wenn es für Sie Überstunden bedeutet. **Denken Sie deshalb vorher nach, was Sie androhen!**

1. **W**

Wieder-
holen

2. **A**

Achtung

3. **V**

Verant-
wortung
abgeben

4. **E**

Entscheidung akzeptieren und konsequent handeln.

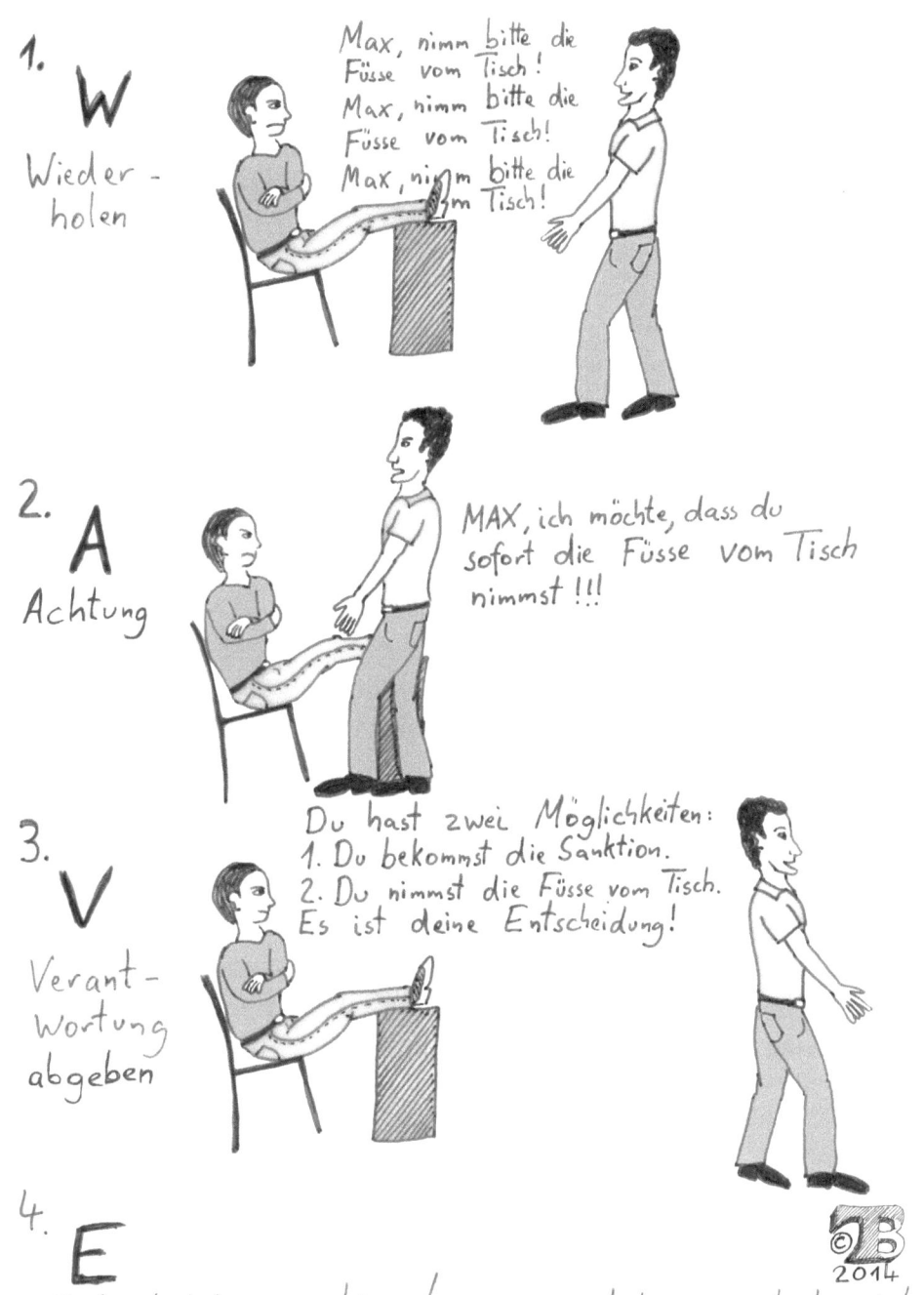

5.4. Keine Gewalt

Eines Tages betrat ein Hund einen Spiegelsaal. Als er die tausend Hunde sah, bekam er Angst, sträubte das Nackenfell, knurrte furchtbar und fletschte die Zähne. Und tausend Hunde sträubten das Nackenfell, knurrten furchtbar und fletschten die Zähne. Voller Panik rannte der Hund aus dem Saal und glaubte von nun an, dass die Welt aus lauter knurrenden, gefährlichen und bedrohlichen Hunden bestehe.

Einige Zeit später kam ein anderer Hund in den Saal. Auch er sah die tausend Hunde. Freudig wedelte er mit dem Schwanz, sprang fröhlich im Spiegelsaal herum und forderte die Hunde zum Spielen auf. Er verließ den Saal mit der Überzeugung, dass die ganze Welt aus netten, freundlichen Hunden bestehe, mit denen es sich wunderbar spielen ließe.

Gewalt erzeugt Gegengewalt. Trotzdem sollen Sie sich nicht alles gefallen lassen. Bei Stress wird es besonders schwierig. Der Krokodilmodus springt an (S. 12) und schlagartig geht es nur noch um „Flucht oder Angriff". Wenn Geist und Körper **entspannt** sind, ist es auch möglich sich aus Haltegriffen zu befreien, ohne dass es als Angriff gewertet wird (siehe Grafik). Doch dazu darf Ihre Muskulatur nicht angespannt sein.

Primär wichtig ist, selbst aus dem **Krokodilmodus** zu kommen (S. 64). Erst dann haben Sie die Möglichkeit, Ihr Gegenüber als Mensch und nicht als Feind wahrzunehmen. Jetzt können Sie kreative Ideen entwickeln und diese umsetzen.

Im Folgenden ist es sinnvoll, Ihr Gegenüber aus dem Krokodilmodus zu holen. Dabei ist der **Stolz** ein wichtiger Punkt. Wird der Stolz vom Gegenüber verletzt, so wird er weiter in den Krokodilmodus getrieben. Behandeln Sie Ihr Gegenüber auf keinen Fall von oben herab und sagen Sie ihm nicht, was zu tun ist. Bleiben Sie ruhig und gehen Sie auf Ihr Gegenüber ein (S. 72).

Lassen Sie Ihrem Gegenüber **Fluchtwege**. Wenn Sie ihn in die Ecke drängen, kann es sein, dass er zum „Angstbeißer" wird. Immer ausreichend Platz lassen. Einmal zum Eigenschutz und damit Ihr Gegenüber fliehen kann. Wenn dieser schon bei „Flucht oder Angriff" ist, so ist Flucht der angenehmere Weg für Sie.

Das Festhalten an den Armen oder Handgelenken sind die häufigsten Übergriffe. Zum Glück sind viele Übergriffe nicht wirklich gefährlich. Oft soll nicht verletzt, sondern Macht demonstriert werden, z.B. wenn das **gleiche Handgelenk** (rechte Hand fasst rechtes Handgelenk) gefasst wird.

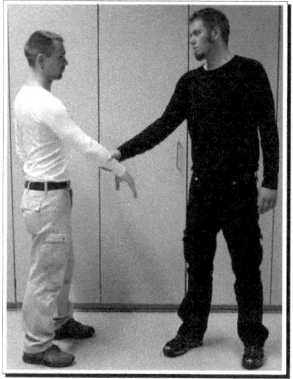
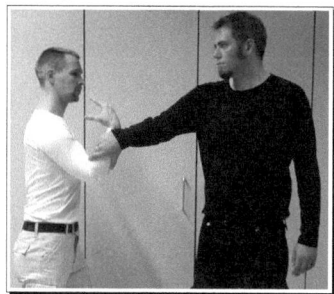
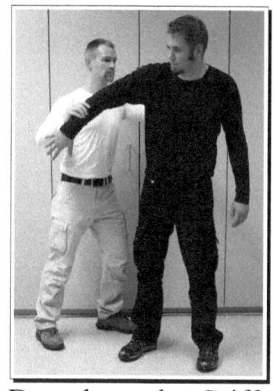

1. Hier wird mit rechts das rechte Handgelenk gefasst.

2. Der eigene Ellbogen wird zur Körpermitte bewegt und das Handgelenk wird angewinkelt.

3. Dann kann der Griff gelöst werden, indem man an der Person vorbei geht.

Wenn das direkt **gegenüberliegende Handgelenk** (rechte Hand greift linkes Handgelenk) gegriffen wird, ist folgende Befreiungstechnik möglich.

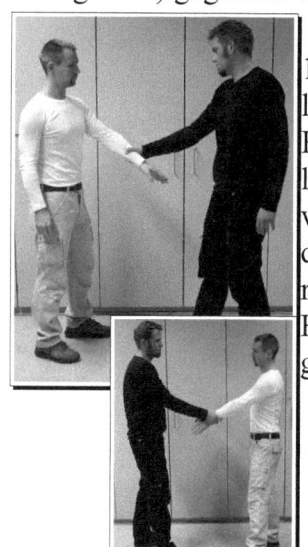

1. Das linke Handgelenk wird mit der rechten Hand gefasst.

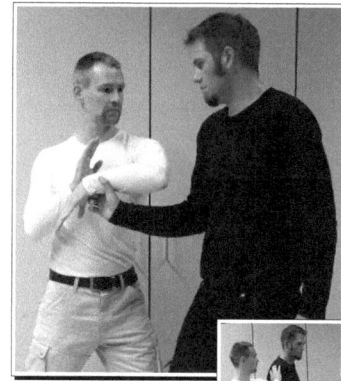

2. Der linke Ellbogen wird über die andere Hand nach vorne gefaltet. Dabei geht man seitlich an der Person vorbei und löst sich so aus dem Griff.

5.5. Notruf

„Nur wenn du wagst, Dinge zu tun, die du bisher noch nicht beherrscht hast, wirst du wachsen." Norman Mailer

Bei Gefahr dürfen Sie <u>immer</u> den Notruf wählen – egal ob privat oder beruflich.

Notruf: 1 – 1 – 0

110 ist die kostenlose Notrufnummer der Polizei in Deutschland.
112 ist die kostenlose EU-weite Notrufnummer, bei welcher man mit der nächstgelegenen Rettungsleitstelle verbunden wird.
Also: 110 eher bei Verbrechen / 112 eher bei Unfällen (Diese sprechen sich auch ab und leiten weiter, wenn Sie aus Versehen die „falsche" Nr. gewählt haben.)

In den **Telefonzellen** brauchen Sie **kein Geld** für den Notruf. Auch auf dem **Handy ohne Guthaben** und **ohne Pin-Code** können Sie den Notruf wählen.

Für den Notruf sollten Sie sich die **5-W-Regel** merken:

- **W**o ist es passiert?
- **W**as ist passiert?
- **W**ie viele Verletzte?
- **W**elche Verletzungen?
- **W**arten auf Rückfragen!

In Bussen und Bahnen sagen Sie dem Fahrer Bescheid. Diese haben Funk und sind meist in dem Bereich geschult. Scheuen Sie sich auch nicht, im Notfall die **Notbremse** zu ziehen. Dabei gibt es <u>keine</u> Vollbremsung. Der Fahrer wird informiert und hält bei der nächsten Möglichkeit.

Wichtig:
Im Notfall die Polizei / Feuerwehr zu rufen oder die Notbremse zu ziehen ist <u>keine</u> Straftat. Sie müssen auch <u>nicht</u> für den Einsatz bezahlen. Selbst wenn es dann doch kein Notfall ist, bleibt es für Sie kostenlos. (Nur aus Spaß anzurufen oder die Notbremse zu ziehen kostet Geld!)

Notruf

©ℬ
2014

Wo
ist es geschehen

Was
ist geschehen

Wie viele
Verletzte

Welche Art
von Verletzungen

Warten
auf Nachfragen

6. Gefahren bei anderen abwehren

„Wir sind nicht nur verantwortlich für das, was wir tun, sondern auch für das, was wir nicht tun." Moliére

Es gab leider immer wieder Notsituationen, in welchen Menschen nicht geholfen wurde*.

Jeder Mensch ist verpflichtet, einer Person Hilfe zu leisten, wenn die Situation es verlangt. Kleine Verletzungen und ein geschäftlicher Nachteil sind dabei nach dem Gesetzgeber zumutbar. Gem. § 323 c Strafgesetzbuch kann jemand wegen **unterlassener Hilfeleistung** bis zu zwölf Monate Haft oder eine Geldstrafe bekommen. Bei Gericht werden natürlich die individuellen Fähigkeiten und Möglichkeiten berücksichtigt. Sie müssen nicht als 50-kg-Person drei 2-Zentner-Bodybuilder körperlich davon abhalten, jemanden zu verprügeln. Aber Sie können nach dem tiefem Durchatmen (S. 64) telefonisch Hilfe holen (S. 78), ablenken (S. 84), Erste Hilfe leisten (S. 90), den Täter später beschreiben (S. 90) usw.

Es gibt viele Ausreden. Wenn Sie sich zu unsicher sind, so trainieren Sie es. Zum Thema Zivilcourage gibt es Trainings zum Beispiel von der Stiftung **muTiger**.
Melden Sie sich dort einfach zum Training an:
www.mutiger.de

Zusatzinformationen:
* Im Jahr 1964 wurde die New Yorkerin **Kitty Genovese** vor ihrem Wohnhaus in Queens brutal über mehr als 30 Minuten zu Tode gequält. Insgesamt 38 Anwohner beobachteten den Überfall oder hörten die Schreie des Opfers, aber keiner half oder wählte den Notruf.
Der Geschäftsmann **Dominik Brunner** beschützte 2009 an einem Münchener Bahnhof vier Schüler und wurde aus Rache von den zwei Tätern zu Tode geschlagen und getreten. Die ca. 50 Zuschauer an den benachbarten Bahngleisen schritten nicht ein.

Bei einer Eskalation

Erste Hilfe

Ablenkung

Durchatmen

Größe:
Haare:
Kleidung:
Auffälliges:
Usw.:

Täterbeschreibung

Notruf

6.1. Zivilcourage

„Der Feigling und der Held haben beide die gleichen Angstgefühle. Der einzige Unterschied ist, dass der Held mit diesen Gefühlen fertig wird und der Feigling nicht." Cus Damatio

Je mehr Menschen helfen könnten, desto weniger tun es*. Doch Sie haben das Recht ein **HELD** zu sein. Das Jedermann-Festnahmerecht nach § 127 Abs. 1 Strafprozessordnung (StPO) gestattet es jedermann (auch Minderjährigen) eine Person festzunehmen. Diese muss auf frischer Tat erwischt worden und die Identität muss unklar sein. Danach darf auch körperliche Gewalt zur Eigensicherung angewendet werden. *(Ist aber recht kritisch!)* Kaufhausdetektive dürfen z.B. Kaufhausdiebe festhalten bis die Polizei kommt. Aber sie dürfen die Diebe nicht durchsuchen. Das darf nur die Polizei. Wer aber den Straftäter persönlich kennt, darf ihn <u>nicht</u> vorläufig festnehmen. Es sei denn, er ist verdächtig, sich den Strafverfolgungsbehörden zu entziehen. Dies muss aber auch nachvollziehbar bewiesen werden.

<u>Wichtig:</u> Die Festnahme muss auf jeden Fall verhältnismäßig sein! Sonst kann auch der Festnehmende eine Anzeige wegen Körperverletzung und Freiheitsberaubung bekommen.

Doch viel wichtiger ist es, **VOR-BILD** zu sein. Wenn einer anfängt, machen meist auch andere mit**. Doch irgendjemand muss anfangen. **Vielleicht Sie!?!**

Zusatzinformationen:

* 1968 sitzen bei den US-Psychologen John Darley und Bibb Latané Probanden einzeln in einer Kabine und unterhalten sich per Funk. Doch statt einer echten Diskussion wird ihnen eine Tonbandaufnahme vorgespielt, auf der ein Mann einen epileptischen Anfall erleidet. Die Psychologen wollen herausfinden, wie lange es dauert, bis die Probanden dem Opfer helfen. Das Ergebnis ist ebenso eindeutig wie erschreckend: Je mehr Menschen in den Kabinen anwesend sind und helfen könnten, um so seltener schreitet der Einzelne ein.

** Wie weit „normale" Menschen gehen, zeigte u.a. das **Milgram-Experiment**. Menschen gaben Unschuldigen Elektroschocks, nur weil jemand es ihnen sagte. 65% der Versuchsteilnehmer gingen bis zur tödlichen Dosis (S. 8). Sobald die Versuchspersonen andere Personen beobachten konnten, die das Experiment abbrachen, gehorchten weniger als 10%.

6.2. Ablenkung

„Das Leben hat keinen Sinn - außer dem, den wir ihm geben."
Thornton Wilder

Eine Gewalttat verläuft nach bestimmten Regeln, z.B. den Vorphasen (S. 20). Wird dieses Muster unterbrochen, gewinnt man Zeit. Durch laute Geräusche kann man ablenken und die Aufmerksamkeit geht in eine andere Richtung. Deswegen sind Trillerpfeife oder der batteriebetriebene Schrillalarm so effektiv. Das Unerwartete sorgt für Verwirrung. Der Täter muss wieder Energie investieren, damit die Eskalation fortgeführt wird. Hier ein Beispiel aus dem pädagogischen Bereich:

Kevin und Dennis sind zwei 15-jährige Jugendliche. Sie sind beide recht sportlich, leicht zu provozieren und haben einige Strafanzeigen (u.a. Körperverletzung) angesammelt. Beide leben in einer Heimeinrichtung für schwer erziehbare Jugendliche. Eines Tages sitzen Kevin und Dennis genervt nach einem Schulvormittag im Gemeinschaftsraum beim Mittagessen. Aufgrund einer dummen Bemerkung von Kevin geraten sie in Streit und fangen an, sich zu beschimpfen. Sie kommen sich immer näher und schubsen sich gegenseitig.
Aus Erfahrung weiß der Sozialpädagoge Volker, dass keiner von den beiden zurückstecken wird und sie jeden Moment aufeinander einschlagen und -treten werden. Beherzt stellt er sich neben die beiden und schreit: „Stop! Moment! Ich räume noch kurz die Stühle weg, damit ihr euch nicht verletzt!" Dabei dreht er sich um und rückt die Stühle und Tische beiseite. Die Jugendlichen sind verblüfft, die Dynamik der Eskalation ist unterbrochen und es kommt zu keiner Schlägerei mehr.
Bei der Abendsitzung soll über den Vorfall geredet werden. Beide können sich nicht mehr erinnern, warum der Streit losgegangen ist. Dass es nicht zur Prügelei gekommen sei, läge daran, dass sie sich geeinigt hätten. Volker habe nichts gemacht und sei nur auf die blöde Idee gekommen, Stühle weg zu räumen. Die *Wahr*-nehmung ist manchmal einfach recht unterschiedlich. ;-)

Gebot Nr. 9: Seien Sie flexibel!

6.3. Hilfe holen

„Wenn wir uneins sind, gibt es wenig, was wir tun können. Wenn wir uns einig sind, gibt es wenig, was wir nicht tun können."
John F. Kennedy

Sie kennen bestimmt die Geschichte vom kleinen Fisch **Swimmy**, der sich mit anderen Fischen zu einem Schwarm formierte. Von weitem wirkten sie wie ein großer Fisch und aus Angst schwammen viele Fressfeinde weg.

Teams, die mit Gewalthandlungen von Klienten rechnen müssen, sollten eine eigene Sicherheitskultur entwickeln. Dies betrifft z.B. eine Schaffung von technischen Voraussetzungen (z.B. Alarmvorrichtung, Notknopf), den Einsatz qualifizierter Mitarbeiter, ständige Fort- und Weiterbildungen, Supervisionen und die Nachbetreuung von Mitarbeitern, die Gewalt erlebt haben. Auch ein Code-Satz wie „Da liegt noch ein Fax für Dich!" soll ausdrücken: „Bitte bleib in der Nähe – Ich habe gerade ein ungutes Gefühl!" Auch ein **Notfallplan** für Extremsituationen ist sinnvoll (Wer muss informiert werden? Wie komme ich hier raus?).

Doch wie bekommt man Leute auf der Straße dazu, dass Sie einem helfen? Ganz einfach: Sprechen Sie die Menschen direkt an:

„Sie mit der roten Jacke, bitte rufen Sie die Polizei!"

„Sie mit dem blauen Schal, bitte helfen Sie mir!"

Es geht um Verantwortung*. Wenn Sie rufen „Bitte helft mir!" fühlen sich wenige angesprochen. Sprechen Sie die Menschen direkt an, sieht es schon anders aus.

Zusatzinformationen:
* 1975 fuhr Prof. Moriarty (*Es handelt sich <u>nicht</u> um den Gegner von Sherlock Holmes*) mit seinem Team an den Strand und führte dort seine Versuche durch. Ein Lockvogel hatte seine Kleidung an den Strand abgelegt. Danach ging er schwimmen und wurde sichtlich beklaut. In weniger als 20% der Fälle wurde eingeschritten. Bei der zweiten Versuchsreihe bat der Lockvogel einfach jemanden, auf seine Sachen aufzupassen. Diese schritten in 95% der Fälle ein. Werden Personen also direkt angesprochen, ist die Wahrscheinlichkeit viel höher, dass sie helfen.

Gebot Nr. 5: Holen Sie sich (gegebenenfalls) Hilfe durch direkte Ansprache!

Okay Lassie. Timmy ist also
im Schacht 23 eingesperrt,
wird von 7 Verbrechern
bedroht und braucht Hilfe.

6.4. Aus der Schussbahn

„Die Welt wird nicht bedroht von den Menschen die böse sind,
sondern von den Menschen die Böses zulassen." Albert Einstein

Werden Täter und Opfer **getrennt**, ist die Tat beendet. Irgendwie möchte der Mensch aber Gerechtigkeit und geht oft den vermeintlichen Täter an. Meist ist es aber einfacher das Opfer aus der Gefahrenzone zu führen (siehe Grafik). Wenn Sie Angst haben sich in private Streitigkeiten einzumischen, gibt es eine einfache Lösung. Fragen Sie das Opfer: „Entschuldigung, kann ich Ihnen helfen?"

Kennen Sie eine der Personen persönlich, so ist es sinnvoll, diese direkt aus der Gefahrensituation rauszuholen. Hier ein Beispiel aus meinem Berufsleben (Anlaufstelle für junge Menschen, die auf der Straße leben):

Ein 19-jähriger Libanese war trotz seiner schmalen Statur schnell zu provozieren. Er wollte seine „Familienehre" wieder herstellen und sich mit dem anderen prügeln. Er verlor jedes Mal und war deshalb schon öfter im Krankenhaus. Eines Tages eskalierte es wieder vor der Tür. Ein anderer Besucher der Anlaufstelle wollte sich mit dem Libanesen prügeln. In einer schnellen Aktion schubste ich den Libanesen in die Anlaufstelle, schloss die Tür und stellte meinen Fuß davor. Da beide vor mir Respekt hatten, öffnete niemand die Tür. Die Schlägerei war vorbei.

Kennen Sie die **Namen** der Kontrahenten, so nutzen Sie die Namen. Dies kann den Stress mindern. Aus eigener Erfahrung wissen wir, dass wir plötzlich aufhorchen, wenn in einem weiter entfernten Gesprächskreis unser eigener Name fällt.
In einigen Religionen darf man den Namen des Gottes nicht aussprechen (*„Wer hat Jehova gesagt?" „Sie war's, sie war's. Ähm! Er war's, er war's."*). Der Name des Gottes soll nicht missbraucht werden und einige Mystiker begründen dies damit, dass alles, das bei einem Namen benannt werden kann, auch gekannt oder sogar besessen werden kann. Rumpelstilzchen und einige afrikanische Stämme nennen gegenüber Fremden ihre Namen nicht, weil sie wissen, dass diese dann Macht über sie haben. Auch wenn Menschen im Krokodilmodus kaum der Sprache mächtig sind, so hören sie immer noch auf ihren Namen. Also:
Sprechen Sie die Kontrahenten mit Namen an!

89

6.5. Was ist am wichtigsten?

„Wer sich selbst überwindet, wird stark." Lao-Tse

Beim Thema Gewalt ist es zunächst wichtiger, Verletzte zu versorgen als den Täter zu verfolgen. Es sollte nicht Ihre Priorität sein, Heldentaten zu vollbringen. Versuchen Sie nicht den Täter zu fangen – Leisten Sie lieber **„Erste Hilfe"**. Einen Schock kann man am Anfang nicht sehen. Ein Schock kann aber zum Tod führen. Deshalb Verletzte gut im Auge behalten, den Notarzt rufen und bis dieser eintrifft, beim Verletzten bleiben. Die Erstversorgung von Wunden und die stabile Seitenlage (siehe Grafik) sollte jeder können. Machen Sie deshalb regelmäßig Erste-Hilfe-Kurse. Alle zwei Jahre ist eine Auffrischung sinnvoll.

Für Notfälle ist es auch sinnvoll, **Latex-Handschuhe** und ein **Beatmungstuch** (als Schlüsselanhänger erhältlich) dabei zu haben. So können Sie anderen helfen, ohne befürchten zu müssen, dass Sie sich über das Blut mit Krankheiten anstecken (HIV, Hepatitis C usw.)

In einigen Städten gibt es **Ambulanzen** für **Gewaltopfer** (egal ob Körperverletzung oder Vergewaltigung). Neben der ärztlichen Versorgung werden dort auch die Spuren gesichert. Diese Informationen werden nicht an die Polizei weitergegeben und die Betroffenen können sich noch viel später für oder gegen eine Strafanzeige entscheiden.

Warten Sie, bis die Polizei eintrifft. Nennen Sie Ihren Namen und stellen Sie sich als **Zeuge** zur Verfügung. Eine Gerichtsverhandlung kann erst Monate oder Jahre später stattfinden. Schreiben Sie deshalb Ihre Zeugenaussage auf. Es wäre doch ärgerlich, wenn der Täter freigesprochen wird, nur weil sich die Zeugen nicht mehr erinnern können. Die Aussage können Sie dann nochmal vor der Verhandlung durchlesen. Sie dürfen dort auch sagen, dass Sie sich an einige Sachen nicht mehr so genau erinnern, aber es aufgeschrieben haben.

Eine Gewalttat kann ein Trauma auslösen. **Nachsorge** wie Supervisionen oder psychologische Betreuung können da unterstützen. Achten Sie nicht nur auf sich, sondern auch auf Ihre Kollegen. Weitere Informationen erhalten Sie über die Unfallkasse Ihres Bundeslandes oder des Bundes: www.unfallkassen.de

Schauen Sie hin! Übernehmen Sie Verantwortung! Tun Sie Ihr Möglichstes!

Stabile Seitenlage

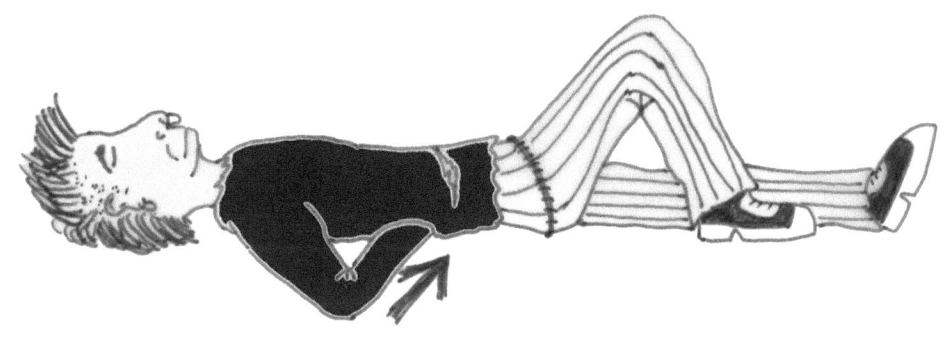

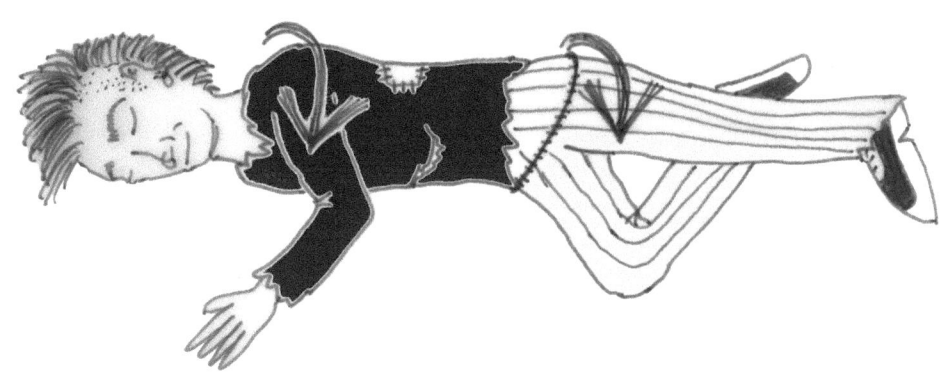

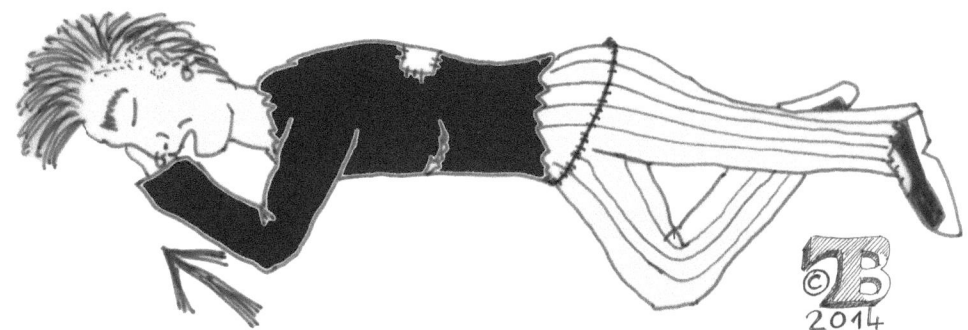

Nach (denken) Wort

„Hätte ich fünf Stunden Zeit, einen Baum zu fällen, würde ich drei Stunden dazu verwenden, die Säge zu schärfen." Abraham Lincoln

Das Wichtigste ist die **Einstellung**, mit der Sie durch die Welt gehen. Achten Sie nur auf Feinde, werden Ihnen auch viele Feinde im Leben begegnen. Und viele Feinde verursachen viel Stress. Das ist anstrengend.

Für ein ernstes Gesicht sind über 40 Muskeln erforderlich - zum Lächeln nur 17. Lächeln ist also weniger anstrengend. Stress-Menschen sterben deshalb auch statistisch öfter an Herzinfarkten.

Wenn Sie also zu**frieden** sind und öfter lächeln,

- verbrauchen Sie weniger Energie,
- haben weniger Stress,
- haben mehr Freu(n)de
- und leben länger.

Um zu**frieden** im Leben zu sein, sind auf jeden Fall diese Dinge wichtig (S. 16):

- Ausgewogene Ernährung
- Regelmäßige Bewegung
- Zeiten der Entspannung
- Ausreichend Schlaf
- Richtige Freunde

Sind Sie ein zu**frieden**er Mensch, so sind Sie wahrscheinlich auch (sich) selbstbewusst. Sie kennen Ihren eigenen Wert und wissen auch, dass andere Menschen einen Wert haben. Wenn Sie mit Menschen zu tun haben, so werden Sie diese weder von oben herab noch von unten herauf behandeln. Ihr Gegenüber ist nicht besser oder schlechter als Sie. Sie stehen nicht über der anderen Person und sind **Täter**. Sie stehen aber auch nicht unter der anderen Person und sind **Opfer**. Menschen sind gleichwertig.

„Liebe deinen Nächsten wie dich selbst!" (Mt. 22, 37-39).

Gebot Nr. 1: Zeigen Sie eine positive Haltung gegenüber Menschen!

93

Anders (denken) Wort

„Demonstriert nicht gegen den Krieg, sondern für den Frieden – dann nehme ich daran teil." Mutter Teresa

Auch wenn es die Massenmedien nicht so gerne hören, ist es heute relativ sicher. Prof. Steven Pinker schrieb im Buch „Gewalt" von 2013: „Die Gewalt ist über lange Zeiträume weiter zurückgegangen und heute dürften wir in der friedlichsten Epoche leben, seit unsere Spezies existiert." Trotzdem gibt es noch viel zu tun. Doch bei der Verbesserung der Welt sollte jeder erst einmal mit der Person im Spiegel beginnen. Es fängt mit der Einstellung sich (eigene Zu**frieden**heit) und anderen Menschen gegenüber* an.

Geld und Erfolg sind auch nicht so entscheidend, um zu**frieden** zu sein. Reiche Menschen sind nicht zu**frieden**er als arme Menschen. Für die Zu**frieden**heit sind andere Sachen viel wichtiger. Liebe und Vergebung sind da auf Platz Nr. 1. Nach Forschungen in Nordamerika ist Unversöhnlichkeit in sozialen Beziehungen eine Hauptursache von Herzinfarkten. Eine solche Haltung erzeugt das Gefühl einer ständigen Bedrohung und erhöht dauerhaft den Adrenalinspiegel. Dies ist die Lehre, die einige Propheten, Jesus und Jedi-Meister ihren Schülern vermitteln:

Liebe und Vergebung haben mehr „Macht" als Hass und Neid!

Zusatzinformationen:
* Unter Leitung des amerikanischen Psychologen **Robert Rosenthal** (1933) machten Studenten Versuche mit angeblich „schlauen" und „dummen" Ratten. Diese waren aber gleich intelligent. In diesen Tests schnitten aber tatsächlich die „schlauen" Ratten viel besser ab als ihre „dummen" Artgenossen. Danach testete Rosenthal zu Beginn eines Schuljahres alle Kinder einer Schule. Dann gab er den Lehrern die Namen einzelner Schüler, die dem Testergebnis zufolge eine „ungewöhnlich gute schulische Entwicklung" nehmen sollten (insgesamt 20% der Schüler). Die Namen der „Hochbegabten" waren wiederum streng nach dem Zufallsprinzip ausgewählt. Am Ende des Schuljahres hatten die vermeintlich „Hochbegabten" nach dem Ergebnis eines Schulleistungstests einen großen Vorsprung gegenüber den anderen Schülern. Die „Hochbegabten" hatten viel bessere Noten und schnitten in Intelligenztests auch besser ab.

94

Jede Medaille hat zwei Seiten. Nichts ist ausschließlich gut oder schlecht:

1. Elf Tage nachdem Felix Hoffmann die chemischen Grundlagen zur Herstellung von Aspirin gebildet hatte, erfand er ebenfalls Heroin.
2. Alkohol verlängert oft die Lebensdauer von Lebensmitteln und Partys. Die Lebensdauer von Menschen und Geheimnissen wird hingegen stark verkürzt.
3. Die USA sind das Land mit den meisten Friedensnobelpreisträgern (21). Aber auch im Wegsperren sind die USA Weltmeister – in absoluten Zahlen und im Verhältnis. 2,3 Millionen Insassen verschlingen jährlich ca. 68 Mrd. Dollar. Es kommen um die 750 Gefangene auf 100.000 Einwohner. (Zum Vergleich hat Deutschland 6 Friedensnobelpreisträger und es befinden sich ca. 77.000 Menschen in Haft, was umgerechnet 79 Gefangenen pro 100.000 Einwohnern entspricht.)

Trotzdem ist es sinnvoll, sich FÜR etwas einzusetzen. Und die Energie folgt der Aufmerksamkeit. Ihre Haltung sagt, wo es lang geht. Ihre Grundeinstellung ist also die Zielvorrichtung für Ihr Leben. Wenn Sie gegen etwas sind, können Sie nie Ihre gesamte Energie auf das Positive richten. Sagen Sie sich oft: „Ich möchte nicht in Schulden ertrinken." - werden Sie Schulden produzieren, weil ihr Gehirn *und das Universum* NICHT nicht kennen. Unternehmen Sie nur etwas gegen Gewalt, werden Sie nie Frieden erhalten. (*Deshalb „PMA all day"!*)

Und man kann viel dadurch bewirken. *TV-Star David Hasselhoff (Knight Rider / Baywatch) hat zum Beispiel durch sein Lied „Looking for Freedom" bei einem Konzert in Berlin Sylvester 1989 die Menschen in Ost und West näher gebracht und dadurch den Mauerfall bewirkt, glaubt er jedenfalls. (Ich bin anderer Meinung - Aber wer kennt schon die Wahrheit?)*

Das Geheimnis (*„the secret"*): Bündeln Sie Ihre Energie **für** etwas und nicht gegen etwas. Dann haben Sie viel mehr Kapazitäten zur Verfügung und können mehr erreichen. Es gibt dazu eine Menge Literatur (für Betriebswirte, Anhänger verschiedener Religionen, Pädagogen, Esoteriker und Sciencefiction-Fans).

In diesem Sinne:

„Dif-tor heh smusma!"

Mein Traum:
- Menschenmassen, die Gewaltfreiheit anstreben -

Literaturempfehlungen

„Manche Bücher entfalten erst im Kamin ihr volles Aroma."
Manuel Vázquez Montalbán

Bärsch, T./ Rohde, M.: **Kommunikative Deeskalation**; Norderstedt 2013 (9,99 €)
- Ähnliche Infos wie in diesem Buch, aber theoretischer und mehr Informationen

Bärsch, Tim: **Verhindern Sie Gewalt**; Norderstedt 2010 (9,99 €)
- Über hundert kurze Geschichten und Anregungen zum Thema Deeskalation

Bauer, Joachim: **Schmerzgrenze**; München 2011 (18,95 €)
- Gehirnforscher schreibt über menschliche Gewalt – und hat positive Aussagen

Birkenbihl, V. F.: **Warum wir andere in die Pfanne...** ; Paderborn 2005 (7,99 €)
- Frau Birkenbihls Bücher sind immer sehr kreativ, informativ und interessant

Gigerenzer, Gerd: **Bauchentscheidungen**; München 2008 (8,95 €)
- Hier erfährt man, warum die Intuition eigentlich besser ist als der Verstand

Havener, Thorsten: **Ich weiß, was du denkst**; Hamburg 2013 (ab 4,99 €)
- Ein Mentalist schreibt, wie „einfach" Kommunikation und Wahrnehmung sind

Küstenmacher, W. T. / Seiwert, L. J.: **simplify your life**; München 2013 (ab 5,- €)
- Dies ist ein humorvolles u. allumfassendes Werk zum Thema ZuFRIEDENheit

Posselt, Ralf-Erik: **Gewalt löst keine Probleme**; Schwerte 2000 (6,- €)
- Ein Großmeister der Deeskalation schreibt ein Übungshandbuch für Trainer

Schulz von Thun, F.: **Miteinander Reden 1**; Hamburg 2010 (9,99 €)
- Eines der Standartwerke zum Thema Kommunikation – Vier Seiten usw.

Watzlawick, Paul: **Anleitung zum Unglücklichsein**; München 2009 (8,99 €)
- Ein genialer Mensch mit tollen Humor schreibt über menschliche Eigenarten

Weckert, Al: **Gewaltfreie Kommunik. für Dummies**; Weinheim 2013 (16,99 €)
- Ideen von Rogers und Gandhi in dem M.-B.-Rosenberg-Ansatz vereint – Super!

**Gute und günstige Bücher gibt es von der:**
Edition Zebra der Gewalt Akademie Villigst
Tel.: 02304 – 755190   Fax: 02304 – 755295
Internet: **www.gewaltakademie.de**

Lösung S. 26: Ali ist der deutsche Gymnasiast und steht als Geschädigter vor Gericht.

„Sei immer du selbst, außer du kannst Batman sein
– dann sei Batman." ein Facebook-Motto

Tim Bärsch

„Ich behaupte nicht, Batman zu sein. Jedoch gibt es keinen Menschen, der
*jemals Batman und mich zusammen im gleichen Raum sah. **Zufall?!?** "*

- Mensch mit Jahrgang 1972, Sohn, Enkel, Vater, Ehe- und Mann u.v.m.
- Diplom-Sozialarbeiter / Diplom-Sozialpädagoge / Universitäts-Dozent
- Anti-Aggressivitäts-, Coolness-, WingTsun- und Deeskalationslehrtrainer
- Systemischer und NLP-Coach (ProC / DVNLP)
- Botschafter der muTiger-Stiftung für mehr Zivilcourage
- Erfahrungen in den Bereichen Gewaltprävention (alle Altersklassen), Kampfkunst, Sicherheitsdienst, Jugendamt und Erwachsenenbildung

Für Fragen, Anregungen, Kritik, Konzepterstellungen, Mitarbeiterschulungen und Fortbildungsangebote stehe ich Ihnen gerne zur Verfügung.

BaER® Akademie Essen
Bewältigung **a**ggressiver **E**motionen & **R**eaktionen
Deeskalation und Gewaltprävention
Internet: www.baer-sch.de
Email: kontakt@baer-sch.de

Hier noch einige Zitate, die das Thema (be-)treffen:

„Du und ich: Wir sind eins. Ich kann dir nicht wehtun, ohne mich zu verletzen." Mahatma Gandhi

„Die Gewalt besitzt nicht halb so viel Macht wie die Milde." Samuel Smiles

„In der Wut verliert der Mensch seine Intelligenz." Dalai Lama

„Suchen Sie nicht nach Fehlern, suchen Sie nach Lösungen." H. Ford

„Unser Leben kann nicht immer voller Freude, aber immer voller Liebe sein." Thomas von Aquin

„Auch mit einer Umarmung kann man einen Gegner bewegungsunfähig machen." Nelson Mandela

„Die großen Gedanken kommen aus dem Herzen." Luc de Clapiers Vauvenargues

„Willst du Recht haben oder glücklich sein? Beides geht nicht." Marshall B. Rosenberg

„Nehmet euch auch derer liebevoll an, die euch nicht wohlgesinnt sind; sprechet vernünftig mit denen, die Verwünschungen gegen euch ausstoßen; tut auch denen Gutes, die sich um euch nicht kümmern und betet für die, welche euch beleidigen und verfolgen!" Jesus Christus: Mt. 5, 44-45

„Mit einer geballten Faust kann man keinen Händedruck wechseln." Indira Gandhi

„Furcht ist der Pfad zur dunklen Seite. Furcht führt zu Wut, Wut führt zu Hass, Hass führt zu unsäglichem Leid." Jedi-Meister Yoda

„Ich setze weiter auf ahimsa, auf die Politik der Gewaltlosigkeit. Es gibt für uns gar keine andere Option. Zu vergeben lernen ist sinnvoller, als jemanden umzubringen - gerade wenn die Provokation extrem ist." Dalai-Lama

Die 10 Gebote der Deeskalation

*„Man sollte alles so einfach wie möglich sehen -
aber auch nicht einfacher." Albert Einstein*

1. Zeigen Sie eine positive Haltung gegenüber Menschen!

siehe Seite 92 (Nach (denken) Wort)

2. Nehmen Sie Ihre Umgebung aufmerksam wahr!

siehe Seite 52 (Wahr-nehmung)

3. Beruhigen Sie sich in Stresssituationen selbst!

siehe Seite 66 (Stressbewältigung)

4. Denken Sie an Ihre eigene Sicherheit!

siehe Seite 62 (Gefahren abwehren)

5. Holen Sie sich (gegebenenfalls) Hilfe durch direkte Ansprache!

siehe Seite 86 (Hilfe holen)

6. Beachten Sie Ihre und andere Bedürfnisse!

siehe Seite 34 (Bedürfnisse)

7. Erst zuhören, dann denken - dann erst reden!

siehe Seite 30 (Aktiv zuhören)

8. Teilen Sie Beobachtungen mit (und keine Wertungen)!

siehe Seite 28 (Sachebene nutzen)

9. Seien Sie flexibel!

siehe Seite 32 (Mal oben – mal unten) und 84 (Ablenkung)

10. Hören Sie auf Ihr Bauchgefühl!

siehe Seite 60 (Bauch schlägt Kopf)

Weitere Informationen unter www.baer-sch.de